JN410400

신택환 수필집

깜빡이는 저 불빛

소소리

깜박이는 저 불빛

신택환 수필집

1판 1쇄 인쇄/ 2016년 6월 25일
1판 1쇄 발행/ 2016년 6월 30일

지은이 / 신 택 환
펴낸이 / 우 희 정
펴낸곳 / 도서출판 소소리

등록 / 제300-2007-21호
주소 03068 서울 종로구 혜화로35, 302-1호
(경주이씨 중앙회빌딩)
전화 / 765-5663, 010-4265-5663
e-mail: sosori39@hanmail.net
www.sosori.net

12,000

*잘못된 책은 바꿔드립니다.

ISBN 979-11-5891-054-9 03810

깜빡이는 저 불빛

신택환 수필집

소소리

책머리에 부치는 글

'고목에 꽃이 피다.' 표문을 곰곰이 생각해 보면 일차적 의미는 '불가능' 하다는 뜻이다. 뒤집어 생각하면 '불가능'이 '가능'으로 바뀐다는 의미이다. 고목이 작품의 바탕이라면 꽃은 결과물인 열매이다. 충실한 열매를 거두려면 고목을 망가뜨리는 위험도 마다하지 않을 것이다.

작품에 내재된 것들을 올올이 풀어놓으면 다양한 형태로 살아가는 우리들의 진지한 모습이 표출된다. 인간애에 대한 향수 그것이다. 또 진한 향수는 사랑을 낳는다. 사물과 자연을 그리워하고 인간을 사랑하면 농축된 것들이 얼마든지 꽃으로 다시 피어날 수 있다.

그러나 그것을 빚어내려면 얼마나 고뇌에 찬 몸부림을 해야 하는가. 이 모든 것이 수필을 위한 것이라면 묵정밭에라도 씨앗을 뿌리고 역동적으로 가꾸어야 할 것이다. 예사로운 감정으로 구축하려들면 핀 꽃도 고사하고 말 것이다. 이미 고사로 진단된 나무에 새 생명을 불어넣으려면 또 작가 자신의 생명이 단축되는, 아니면 송두리째 무화(無化)되는 것도 감내해야 할 것이다.

수년래에 수필쓰기가 더욱 어려워졌다. 저마다의 경우가 다르겠지만 작가가 사고하는 형질에 따라 변질될 수 있고 탐스럽고 고운 꽃을 위해서 탐색하는 작업이 더욱 치열해질 것이다.

그런 작업을 왜 하느냐? 좀 더 쉬운 방법이 없겠느냐? 물어봐도 묵시만 있을 뿐 명확한 대답은 없다. 그러면 붓을 던져버릴 환경인데 포기를 못하고 더욱 활화산처럼 타오르는 이상체질을 경험하게 된다. 수필이 가진 특질을 살리기 위하여 완벽한 작품을 지향하는 것이 정석(定石)이다.

내게 수필을 쓰기 위한 얼마만한 시간과 여력이 남아있는지 의문이지만 고목에 꽃을 피우는 작업이 계속될 것이고 온갖 정성과 노력을 주입할 것이다.

이 보잘것없는 책을 읽는 여러분께 거듭 감사를 드린다.

2016. 여름

지은이 씀

▶차 례

1. 도시의 수탉

2. 아름다운 나의 신부여

3. 거둘게 없어도 좋아라

1.

도시의 수탉

별들이 숨 쉬는 호수

통영 활어시장을 거닐던 내 시선에 꽂힌 도미 한 마리, 부르면 금방 벌떡 일어나 춤을 출 것 같다. 목을 딴 시뻘건 피가 온몸에 칠갑을 했다. 바다 속을 유영하던 모양이 눈앞에 얼른거린다. 잃어버린 자유를 얼마나 갈구한 것인가. 하늘을 나는 갈매기도 마찬가지다. 하늘을 날던 새들이 어류로 둔갑하여 유체속을 박자를 맞추어가며, 또는 박자를 무시하고 질주한다. 차선은 아예 안중에도 없다. 충돌사고는 염려마라. 경이(驚異)! 그 자체이다.

새벽 4시 반 통영 앞바다에는 일시에 수많은 택시들이 미끄러진다. 머리에 불을 단 5톤급의 소형어선들이 경주하듯이 번쩍이는 섬과 섬 사이 좁은 양식장의 협곡을 날쌔게 빠져나간다. 호수같이 바람 한 점 없는 바닷물이 가쁘게 숨을 헐떡인다. 파도의 골을 가르며 동력선들이 빠져나가면 바다는 언제 그랬느냐는 듯 환한 미소를 짓고 있다.

마리나리조트의 창문으로 별들이 스멀대는 호수 같은 바닷물을 찍어 눈에 넣는다. 바닷물이 눈에 들어가도 아프지 않다. 북극성, 북두칠성, 손가락으로 가리키며 바라보던 별자리들, 목동과 별 아기가 일 년에 꼭 한 번만 만나던 그 자리, 눈물짓던 그 자리에 고요를 펴 나른다.

달이 환한 밤바다에는 별이 숨바꼭질할 자리가 없다. 은가루를 뿌린 바다를 손으로 휘저어보면 얼굴이 노랗게 물들어가는 것이 손으로 확인되는 변화인데 오늘은 별이 숨을 자리를 탐색하는 것으로 만족하고 사그라진 내 젊은 낭만을 되돌려놓는다. 아직도 심장은 콩닥거린다.

항해한 거리는 선착장에서 세 시간 정도, 어선들은 각자의 구역에서 조업을 한다. 낚시를 던져놓고 숨을 죽인다. 어시장에서 보았던 그런 놈들이 입질을 자주 했으면 좋으련만 좀처럼 움직이지 않는다. 해초 밑 바위 사이 꽁꽁 숨었는지 심심하지 않을 정도의 손맛일 뿐이다. 어제 던져놓았던 그물을 끌어올리고, 멸치를 잡아서 삶고, 말리고 눈코 뜰 사이 없이 바쁘다. 바빠, 바빠, 어서 가자. 먼 바다에서 해가 떠오르면 잠시 숨을 돌린다. 아침을 먹는다. 시간을 아무리 다잡으려고 해도 뭍에서의 중참 때다. 또 신호가 온다. 잡아끌어 올린 놈을 어창에 넣는다. 잔잔하던 물살이 출렁인다. 아, 쉴 사이 없이 작업에 몰두하면 허리가 아플 새도 없다. 병도 사람의 간을 보면서 아파지는가. 알 수 없는 것이 인간의 욕망이고 긴장이다. 그런 생각이 머물 자리를 통째 비워버린다. 작업이 끝나봐야 안다.

저녁 일곱 시쯤 잔잔하던 바다는 일시에 파적을 깨고 물살이 일렁인다. 만선과 귀환의 희열이 바다에 수 놓인다. 늘 그렇게 안정과 평화가 깃든 것은 아니다. 뜻하지 않은 악천후, 일기예보가 어긋난 경우에는 사활이 걸린다. 바다생활은 언제나 사각지대를 드나들며 삶을 어기적거린다. 아무리 현대과학이 뒤에 버티고 있다지만 해심과 인심은 일치하지 않는다. 인심은 인간이 바라는 희망사항이고 해심은 그때그때 따라 변하는 자연의 마음이다.

검붉은 놀 속에 괭이갈매기가 유유히 날아오른다. 호기심에 숨었던 별들은 얼굴을 보여주지 않는다. 감질나게 흐려진다. 어선들의 귀항 퍼레이드는 끝나고 갯내가 살랑살랑 코끝을 간질인다. 온몸에 역류하던 피를 순화시킨다. 언젠가 장배에 편승하여 그곳을 지나갈 때 소리치고 싶은 충동을 이기지 못하여 선복으로 나와 꺽꺽 울었다. 고물의 작은 선실에는 화주들이 지친 듯 늘어져 깊은 잠에 침윤하였다. 거대 화물선이라도 지나가는지 큰 파도가 뱃전을 때린다. 소리 없이 물속으로 잠길 것 같았다. 왜 사람은 상상을 넓혀 극한상황을 설정하여 고뇌하고 몸을 뒤틀며 아파하는가. 그냥 귀항한 뒤에 독주라도 마시면서 바다에 취하고 별에 취하고 유람선을 탄 듯이 오갈 수는 없는지 안타깝다. 인간의 자연에 대한 모독은 곳곳에 침투되어 흐린 눈을 더욱 흐리게 한다.

누가 외람되이 통영항을 나폴리라 하였는가. 이탈리아의 나폴리는 통영의 호수 같은 맘을 품지 않았다. 지고지순한 천연의 신비가 없다. 비너스의 아름다움이 없는 나폴리를 통영항에 비교하는 것은 오해이다. 「수향수필」의 동인이었던 권재성 박사, 술을 사랑하고 문학을 사랑하고 고향바다 통영을 사랑한 그는 수향은 이 세상에 단하나 뿐인 '바다의 고향'라고 입에 침이 마르도록 자랑하였다. 임이 오늘따라 왜 이렇게 그리운가. 마주앉아 깐깐한 목소리로 열변을 토하던 목소리가 파도처럼 들린다.

낮에 마신 독주가 덜 깨었는지 놀을 바라보는 맘이 무지개를 보았을 때의 무게처럼 느껴진다. 어디선가 노랫소리들이 들려온다. 어기어차, 어기어차, 뱃놀이 가잔다.

하늘에는 물새들이 비스듬히 낮게 날고 뒤처진 물새 한 마리가 포르르 배설물 한 덩이를 호수 위에 떨어뜨렸다. 아무 파장도 일지 않은 게 찡하다.

젊음의 송가(頌歌)

나이가 꼭 젊어야만 젊은이인가. 주변에서 젊은이 못지않은 늙은이를 얼마든지 만날 수 있다. 비록 몸은 늙었어도 마음과 행동은 젊은이다.

새벽 4시 신문지 뭉치를 옆구리에 끼고 아파트 계단을 오르내리는 할머니. 올해 74세로 얼굴에 잔주름이라곤 없는 동안의 여인이다. 이 동네에 아파트가 처음 들어설 때부터 신문을 돌렸으니 20 수년이 된다. 내가 그분을 만났을 때 나도 모르게 측은한 생각이 들었다. 다들 곤히 잠잘 시간에 신문을 들고 15층 계단을 오르내린다는 것은 여간 힘든 일이 아닐 것이다. 매서운 추위가 몰아칠 때와 더울 땐 더욱 힘겨웠을 것이다. 그러나 그분은 하루도 빠짐없이 신문배달을 했다. 힘겹지 않느냐고 하니까 처음 그 일을 시작할 때는 그랬어도 지금은 단련이 되어 아무렇지 않다는 것, 건강을 위해서도 좋고 무료한 새벽시간에 신문을 돌리는 것이 무료함을 잠재울 수 있어 좋다고 했다. 미명의 독자들에게 새 소식을 전한다는 사명감 같은 것도 느껴지고 수입도 괜찮다고. 얼마나 모았냐고 하니 그동안 7천만 원을 저금해 놓았다고, 뿌듯함이 넘쳐흘렀다.

몹시 존경스럽다고 하니 열아홉 살 아가씨처럼 얼굴이 곱게 물들었다. 어디에 쓸 것이냐고 묻지 못했다. 아마도 노년에 그 분 나름대로 가치 있는 곳에 쓰지 않을까하는 생각이 들었다. 내 가슴이 후끈 달아올랐다. 난장에서 평생 채소장사를 하여 모은 억대의 재물을 장학금으로 냈다는 할머니의 기사를 읽었을 때처럼 부럽기도 하고 한편으로 나는 남을 위하여 어떤 선행을 했느냐는 자책감 비슷한 것이 일었다. 이런 분들을 볼 때 몸도 맘도 다 늙어버린 내가 구차스럽다.

이웃에 기초생활연금을 받는 분이 있다. 참 오래 살다보니 이런 날도 다 있는가. 몹시 만족해하는 표정이다. 부럽기도 하면서 민망한 생각도 떨쳐버릴 수 없었다. 받을 만하니 받겠지만 자랑할 일만은 아니잖은가. 젊어서 좀 더 열심히 일했더라면 늙어서 남의 지청구를 받는 삶은 멀어졌을 것이다. 자기 목소리를 내고 사는 삶이 얼마나 복 받을 일인가.

한탄하지 마라. 다 받는 노령연금을 못 받는 할아버지. 대상자에서 제외되었다는 이장의 통보를 받고 허탈할 법도 한데 아무렇지 않게 받아넘기는 담담한 표정이다. 되레 이장이 풀뿌리를 씹는 표정이었다.

마을 초입에서 어른을 만난 이장,

"어르신 할 말이 없습니다."

"뭬야."

"기초생활 대상자에서 빠졌는데…."

"이유를 모르겠는가?"

"어르신 명의로 농협계좌에 예금 2억 원이 있더군요."

"그래서…."

"고액예금자는 해당이 안 된대요."

"음, 자랑스럽군. 난 공짜가 싫어."

어른은 조금도 서운한 기색이 없이 편안한 얼굴로 산자락에 어른거리는 노을을 바라보았다.

얼굴에도 노을이 잔잔히 번지었다.

팔순을 넘긴 노인의 저축액이 2억이라니 선뜻 믿어지지 않았지만 사실이었다. 저축상이라도 받을만한데 아무도 관심을 가져주지 않았고. 이제야 말이지 그 전에는 누가 알까 숨기었다. 젊어서부터 농사를 지으며 틈틈이 산을 오르내리었다. 봄에는 복령을 캐고 추석 무렵에는 송이를 따서 팔고 고추, 마늘, 돈이 되는 것은 죄 팔았다. 눈만 뜨면 개똥을 주워 논밭의 흙을 기름지게 하였다. 푼푼이 모았다. 아무도 모르게 알뜰히 모았다. 아내도 모르는 눈먼 돈이 많았다. 남들은 단번에 담배 농사로 수백만 원씩 거둬들이었지만 짤끔 짤끔 해도 오히려 자기 쪽이 낫다는 것이었다. 이젠 몸이 허하여 산에도 갈 수 없지만 돈이 모일 땐 모으는 재미로 살았다. 함부로 쓰지 않았다. 아내가 그렇게 애탕개탕 모아서 어디 쓸 것이냐. 누구 좋으라고 그러느냐. 눈감으면 그만인데 미련멍청이 짓을 하느냐고 나무라면 픽 웃고 말았다. 속으론 아무렴 모아놓으면 쓸 사람이 없을라고? 모으는 사람이 있으면 쓸 사람이 나오는 법이야. 내가 다 쓰고 죽어야 한다는 법도 없고 아무나 쓰면 어떤가. 웬만히 잘사는 사람들도 돈을 꾸러 다니는 것을 보면 속이 거북하였다. 인생을 외상으로 살면 안 되는데 자기보다 나은 사람들에게 그런 말이 통할 리 없다는 게 안타까웠다.

늙은이가 안 쓰고 저승에 가져갈 것인가. 먹고 싶은 것 먹고 가족이나 친지들에게 인심이라도 써야 하지 않나. 노랑이 영감! 뒷전에서 수군거리는 그런 말을 들을 때 허허 멋모르는 소리마라. 내 품안에 있다고 다 내 재물인가. 하나님이 잠시 내게 맡긴 거야. 온전히 보관했다가 고스란히 돌려줘야지. 안 그런가 한번 속 시원히 대답해 보게나. 나는 그 말이 천번 만번 옳다고 손뼉을 치다가 멈칫한다. 꼭 인생이 자기생각만을 고집할 것도 아닌데 남의 말도 들어봐야지. 노년의 밝은 얼굴을 보고 있으면 사는 재미가 있을 것 같았다. 언제인지 몰라도 가진 것은 없어도 자유롭게 훨훨 날아다니는 삶을 상상하며 늙어서도 젊은이처럼 사는 것을 동경한다. 신문 배달하는 할머니처럼 아파트 계단을 오르내려도 숨 가쁘지 않고 웃으며 사는 재미가 쏠쏠할 것이다.

깜빡이는 저 불빛

아침저녁 스산한 바람이 분다. 이른 저녁을 먹고 뒷산에 올랐다. 이리저리 산속을 거닐다가 어느새 자주 오르는 약수터에 발길이 닿았다. 꽤 늦은 시간인데도 사람들이 붐빈다. 노랗게 물든 저녁이 좋아서 그런가 보다. 봄에 뿌리지 않은 게으름에도 가을은 탓하지 않고 넉넉한 품으로 사람들을 감싸준다.

약수터는 체육공원으로 변모하였다. 맑은 샘물을 마시려면 더 위쪽으로 올라가야 한다. 위쪽에서 체육공원까지 호스로 물을 끌어왔으나 도저히 그것으로는 사람들의 욕구를 충족할 수 없었고 호스도 낡아서 그 기능을 상실하였다. 산악회원들이 성금을 모아 그 자리에 몇 가지 운동기구를 설치했다. 누구든지 자유롭게 드나들며 운동을 할 수 있었다. 그들은 알게 모르게 그곳을 정결하게 가꾸었다.

오백 미터 정도 더 올라가면 또 다른 체육장이 나온다. 회원제로 운영하여 회원이 아닌 사람들은 시설의 접근을 막았다. 철조망을 쳐놓아 삼엄하고 묘한 기분이 들었다. 그것은 체육시설의 안전을 위해서는 옳은 건지 모르나 봉사와 많은 사람들의 활용이란 점에서는 적합하지 못하다. 하지만 제 돈을 들여 만들고 자기네들만 사용하겠다니 국외자들은 입을 다무는 것이 점잖다.

자연히 약수터 쪽이 붐빌 수밖에 없다. 역기, 평행봉, 훌라후프, 자전거, 윗몸 굽혔다 펴기… 한데 그런 것들은 관리하기 힘들고 잘 망가진다. 여러 사람들이 사용하다보니 그럴 수도 있을 것이다. 일요일 같은 때는 아이들도 우우 몰려온다. 운동시설에 마구 오르고 휴지를 버리고 난장판을 쳐놓고 간다. 그것을 보고 말리는 사람이 없다. 어찌된 셈인지 요즘은 아이들의 잘못을 나무라고 그런 행동을 못하게 타이르는 어른이 없다. 아이들도 어른을 무서워하지 않는다. 부모의 말도 잘 안 듣는 아이들을 누가 버릇을 고치지. 말을 안 듣는 아이들도 곤란하지만 잘못을 보고 그냥 넘기는 어른도 문제가 있다. 누군가 말했듯이 아이가 넘어져도 일으켜 세우지 않는 것이 아이에 대한 사랑이라면 이를 거부한다. 실종된 이웃사랑으로 그렇게 된 것은 아닌지 모르겠다.

우리들의 무관심 속에 자연은 자꾸 황폐화되어 간다. 자연을 사랑하자, 말은 잘하면서 행동에는 많은 문제가 있다. 산에 오르내리는 사람들은 함부로 휴지를 버리는 일은 자제하여도, 제 집 화분에 넣기 위하여 흙을 가져가고 야생화를 함부로 채취한다. 제법 교양이 있어 뵈는 사람도 그렇다. 난의 자생지가 제대로 남아 있는 곳이 드물다. 하천의 오염도가 심하여 반딧불을 보기란 아파트 숲에서 밤하늘의 별을 보는 것만큼 어렵다.

이웃나라의 자연보호 현장을 TV 화면에서 보고 감탄하였다. 꽁꽁 얼어붙은 냇물에서 반딧불의 서식지를 찾아내고 개똥벌레의 유충을 보여주는 그 진지한 모습이 부러웠다. 우리나라도 음지에서 묵묵히 그런 것을 연구하는 이름 없는 사람들이 있을까?

반딧불을 본 지가 이십 년도 더 된 것 같다. 시골에 가도 마찬가지다. 물의 오염은 개똥벌레 유충의 서식을 막았다. 언젠가 산에서 반딧불을 보고 아! 저 불빛! 소리를 치면서 뛰었다. 아직도 내가 살고 있는 그곳은 살만하다는 환희와 희망에서 터져 나온 환성이었다.

그러나 산을 오르내리며 스쳐가는 일행은 무관심하다. 더 기막힌 것은 모자의 대화에서 가슴이 서늘하게 젖어왔다.

"엄마, 반딧불이 뭐야?"

"엄마도 못 봤어."

도시에서만 살아온 신세대인 엄마의 대답이다.

우리가 즐겨 쓰던 형설지공(螢雪之功)이란 말은 좌우명으로서의 기능을 상실한 지 오래지만 그런 대답을 들은 뒷맛이 씁쓸하다.

먼데서 온 그 사람

먼데서 온 그를 위하여 무엇을 어떻게 해주는 것이 좋은가? 일부러 오라고 해도 오지 않는 그를 그냥 보내기 아쉬웠다. 그는 이 도시를 지나가면서 예정에도 없이 들렀다는 것이다. 잊지 않고 찾아준 마음씀이 한없이 고마웠다.

하룻밤 자고 다음날 일찍 떠난다는 것을 붙잡았다. 그의 뜻을 묻지 않고 달성공원으로 안내하였다. 벌 안을 두루 구경하고 호랑이 사육사로 갔다. 넋이 나간 듯 호랑이를 바라보는 그의 모습이 추연했다. 젊었을 적 불같은 성미와 날쌘 기상은 다 어디 가고 비에 젖은 가로수처럼 서 있는가. 나도 말을 잃었다. 이상화 시비 앞에서 카메라의 셔터를 두어 번 눌렀다. 토성에 올라가서 시가지를 내려다보았다. 주변이 많이 변하였다고 중얼거렸다. 뭔가 마음속으로 더듬어 읽는 모습이었다. 그리운 사람이라도 기억해 내듯이.

때가 되어 좀 비싼데 가서 점심대접을 하고 싶었으나 굳이 사양을 했다. 우거지 국을 먹었다. 그는 숟갈질을 하면서 일을 크게 벌여 다른 이의 얼굴에 그늘지게 하지 말고 제 주머닛돈을 아껴 쓰라는 말을 했다. 세상을 다 살아버린 한 사람과 맞대고 앉아 있는 것 같은 묘한 기분이 들었다. 먼 산의 바위를 바라보는 것도 같고 발밑에 젖은 단풍잎을 만지작거리는 것 같기도 했다. 중병에 걸린 것을 내게 숨기고 있는 것은 아닌지 그런 생각이 들었으나 말을 꺼내는 것이 두려웠다. 언젠가 우리는 세상을 어떻게 살아가는 것이 좋은가 속마음을 털어놓은 적이 있다. 솔직히 내 생각은 엄벙덤벙 조금 모자라게, 그렇게 사는 것이 무난하리라 생각되었으나 그의 생각은 그렇지 아니하였다. 아마도 자로 잰 듯이 살아온 그의 눈에 내 모습은 낭비한 인생으로 비쳤을 것이다.

오후엔 불교의 성지인 팔공산에 오르는 것이 좋을 듯싶었다. 동화사에 들러 예불을 드리고, 스카이라인을 타고 정상에 올라 산세를 굽어보는 것도 볼만하다고, 그렇게 하시겠느냐고 의향을 물었다. 시간이 없더라도 갓바위 부처는 꼭 보고가야 한다고 이번에 헤어지면 언제 다시 만나느냐고 억지를 댔다. 내 청을 그렇게 반기는 표정은 아니었다. 그냥 내가 하는 대로 맡겨둔다는 듯, 내 뜻을 꺾는 것이 마음에 걸리는지 시종 웃음 띤 얼굴로 따라다니었다. 공기가 맑고 물소리가 잔잔하게 들리었는지 생기를 되찾은 모습으로 오후 시간을 보냈다. 무시라서 그런지 산을 찾아온 사람들이 그렇게 붐비지 않았다. 폭포에서 쏟아지는 물소리, 째지게 변화무쌍한 음률을 만들어내는 매미 울음, 싱싱한 솔잎냄새도 좋았다. 길섶에서 훅 치미는 약초 내음이 상한 폐부를 말끔히 씻어낸다. 세상의 숨가쁜 일들에서 잠시나마 해방된 기분이었다. 물빛 고운 시냇물에 발을 담갔다. 그것을 망중한이라 할지, 세파라는 물결에 휩쓸리어 가다가 요행으로 나뭇가지나 풀뿌리에 걸려 정지된 한 순간의 아우성치는 기쁨이랄지 쉽게 가늠이 안 되었다.

해거름에 돌아왔다. 뭔가 내게 하고 싶은 말이 있지 않을까? 아무리 기미를 살피어도 내색을 하지 않는다. 하는 일도 잘 된다기에 그냥 들어 넘겼지만 나를 안심시키려는 배려는 아닌지 우려하는 마음도 들었으나 그는 자상하게 자신의 사업체 얘기를 들려주었다. 자기가 없어도 잘 돌아가는데 옆에 붙어있는 것이 짐스럽다는 것이었다. 사람을 씀에 믿고 맡겨 둬야지 그렇지 않으면 패를 보기 쉽다는 것이었다. 자식들도 다 결혼을 시키고 속을 썩일 일은 없다는 것, 빈손으로 왔다가는 세상에 자기는 너무 많은 것을 가졌고 이웃들에게 제대로 베풀지 못한 것이 유감이라고 했다.

밤이 늦도록 도란도란 얘기를 나누었다. 눈앞에 아는 얼굴들이 아른거린다. 부모가 성실하더니 그 자식들도 착실하여 남과 밥술을 나눠 먹으며 살게 된 덕대 씨, 막내가 의대를 나와 활인공덕(活人功德)을 베푼다고, 범이 아배는 성실하기 바위덩어리인데 자식은 올곧지 못하여 그 뒤를 닦느라고 셋방을 못 면하고 살다가 이 세상을 하직하였다니, 누구라도 사람은 제복을 어찌지 못한다는 것이었다. 높은 벼슬을 한 이들은 표를 낚기 위하여 고향을 드문드문 찾아오고, 가식 없는 사람들은 고향을 자주 찾아와 동네 어른들에게 술대접을 한다는 것, 제 잇속을 챙기기보다 아직은 순수가 살아있는 이 세상이 살만하다는 것이다. 꼬리를 잇는 얘기를 나누다가 뜬눈으로 날을 밝혔다. 그래도 하나도 곤한 줄 몰랐다.

아침에 가려고 나서는 것을 못 가게 하루 더 붙잡았다. 아침을 먹고 앞산에 갔다. 안지랑에서 안일사까지 산길을 걸었다. 큰골에서 케이블카를 타고 정상에 오르는 것도 좋지만 걷는 것도 못하지 않았다. 고려 태조 왕건이 견훤의 군사에게 쫓겨 가다가 앞산 골짜기에 숨어 목숨을 구했다는 말이 전해오는 그 자리에 서 있는 아담한 사찰, 안지랑 초입에서 올라가면 그렇게 산세도 험하지 않고 안일사의 배경이 제격을 갖추었다. 가쁜 숨을 몰아쉬며 가까스로 정상에 한발을 올려놓으면 아! 과연 그렇구나 하고 감탄사를 터뜨리게 된다. 전체적으로 안일사는 협곡과 협곡 사이에 호랑이가 꼬리를 틀고 웅크려 앉은 형국이다. 주변의 숲과 조화를 이루어 안정감을 준다. 그래서 대덕산은 명산이요 안일사는 명찰이라 할만하다. 그 산 밑에 살 적엔 틈만 나면 오르내린 것이 수천 번도 더 된다. 안일사 들머리의 약수터에서 목을 축이고 땀을 훔치며 정상에 올랐다가 하산하였다. 때가 늦었지만 서둘러 해장국집에 들어갔다. 일명 핏국이라고 하는 선짓국, 뚝배기에 뼈다귀와 시래기가 푸짐하게 어우러져 먹음직스러웠다. 밥을 말아서 먹으니 술술 잘 넘어간다. 그는 맛이 있다고 약주를 곁들이고 핏국을 반 그릇이나 더 청해 먹었다.

날이 저물어서 돌아왔다. 목욕을 하고, 그날 밤은 쓰러져 잤다. 첫 새벽에 일어나 그래도 남은 얘기주머니의 끈을 풀었다. 하루 더 붙잡고 싶은 생각이 간절하였으나 그럴 염치가 없었다. 역까지 배웅하였다. 언제 만날지 생전엔 다시 못 만날지 모르는 그에게 좋은 일만 있기를 빌었다. 집에 가도 일손이 잡히지 않을 것 같았다. 그를 떠나보낸 아쉬움을 달래며, 붐비는 시장 안을 쏘다니었다. 언제 봐도 덤덤하던 앞산이 훌쩍 뛰어내려 시선을 가득 메운다. 아마 그런 일이라도 없다면 이 허전한 나이에 뭘 믿으며 일상을 채근하리.

짹크와 수병

무지가 용감하다. 멋모르고 날뛰니 겁도 없고 닥쳐오는 위험도 감지하지 못한다. 맹목적으로 굴러가니 역풍을 맞기 쉽다. 어쩌면 바보스런 그런 순수가 큰 사고를 저지르게 될지도 모른다. 그러나 망설이고 행동을 미루는 것보다는 한 번 해보는 것이 더 진취적이다.

찌는 정오, 뒷집 뜰 앞에 놓인 보트를 바다에 띄웠다. 주인에게 들키지 않는 것만 해도 다행이다. 잠시 물놀이를 즐기고 제자리에 가져다 놓으면 감쪽같이 모르겠지. 그 집 딸들은 우리가 작당을 하는 것을 보고도 입을 다물었다. 무관심한 척 마루에 앉아서 해초를 다듬는다.

보트가 얼마나 작고 좁은지 두 사람이 돌아앉기도 힘들었다.

노를 젓기에 마음대로 팔을 놀릴 수 없었고 바닥에서 펑펑 솟아오르는 물을 퍼내는 것도 다급하였다. 배는 그런대로 앞으로 나아갔다. 아직은 비축된 체력에도 별 문제가 없었다. 바람이 살랑살랑 얼굴을 어루만져 준다. 어느 정도 안정된 항해를 할 수 있었다. 청학동 조선소 앞바다를 지나니 간간이 큰 파도가 밀려와서 이물을 때렸다. 기우뚱 했다가 다시 제 자리로 돌아가 평행을 유지한다.

거기서 새로운 고민이 생겼다. 외항으로 나갈 것인가 내항으로 뱃머리를 돌릴 것인가. 외항으로 가면 일본섬을 거쳐 태평양을 횡단하고 캘리포니아의 해안에 정박할 수 있다. 정말 멋지고 감격적인 일이다. 그러나 도저히 불가능하다. 항해하다가 난파해서 고기밥이 되거나 해안경찰에 끌려오는 처량한 신세를 못 면할 것이다. 어쨌건 목숨을 담보해야 하는 모험이다. 내항은 봄 아지랑이가 아련히 피어오르는 제3부둣가. 그녀들이 작업하는 곳에 접안하여 한때 공동 작업을 한 그녀들과 속닥거리고 재수가 좋으면 미군부대에서 나오는 부식품을 얻어올 수 있다. 그녀들을 만난 지가 꽤 오래 되었다. 얼굴이나마 보자는 것이 솔직한 심정이다.

한가운데로 갈수록 파도가 거칠어진다. 상선이나 화물선이 지나가면 큰 파도가 몰려오고 거기 휘둘리어 이물이 번쩍 하늘로 치솟았다가 출렁 내려앉았다가 중심을 못 잡는다. 파도를 옆으로 받았으면 침몰하였을 것이다. 파도를 정면으로 받는 것이 조금은 덜 위태롭다. 바닥에 새는 물을 고무대야로 퍼내도 끝이 없다. 목이 타들어가고 팬티만 입은 온몸에 불볕이 쏟아진다. 숯검정처럼 그을렸다. 갈증을 지우려고 손바닥을 오므려 갯물을 떠서 입술을 축인다. 목구멍이 바짝바짝 더 탄다. 짹크가 제발 좀 움직여주었으면 하는데 놈은 아예 노를 저을 생각도 않는다. 세상에 이런 멍청한 겁쟁이도 있는지 큰 파도가 밀려오면 수병의 허리를 붙들고 놓아주지 않는다. 물 퍼기는 고사하고 옴짝달싹도 못하게 벌벌 떨며 죽는 시늉을 한다. 마치 암퇘지 중돗 한 마리 싣고 항해하는 꼴이다. 이 손 놔, 제발 살려면 이 손 좀 놓아. 어서 놔. 간신히 그의 억압에서 풀렸다. 아예, 짹크의 도움을 기대하지 않는 것이 속편하였다. 부둣가에 갈매기들이 한가로이 낮게 비행한다. 손에 잡힐 듯하다. 부채모양의 날개를 한번 잡으려고 용을 쓰나 잡힐 듯하다가 영리하게 사람을 피해 날아오른다. 간간이 불어오는 바람이 코끝을 간질인다. 천신만고 끝에 바다 한가운데 있는 방파제에 도달하였다. 거긴 내항에 정박하기 전 임시로 배를 대기도 하고 내항으로 집채 같은 파도가 달려들 때 조금 중화시키는 역할을 하는 방파제다. 거기 보트를 대고 거친 숨을 쉬었다. 바다 가운데 머물러 있을 땐 태양의 차단막이 되는 옷을 입거나 벗은 몸을 물로 자주 열을 식히지 않으면 화상을 입는다. 얼치기들은 그것도 모르고 항해를 하며 새까맣게 탄 불강아지가 되었다.

방파제에 상륙한 수병은 속으로 작정하였다. 노도 못 젓고 물도 못 퍼내는 요놈의 돼지를 방파제에 내려놓고 떠나야지. 지나가는 선박에 의하여 구출되거나 말거나. 이러다간 둘이 함께 바다 귀신이 될지 모른다. 살 수 있는 놈만이라도 살아야지. 그러나 놈은 수병의 속마음을 알아챘는지 보트에서 내리지 않고 앉은 채 휘파람을 분다. 정말 처량한 가락이었다. 그러니 어쩔 수 없었다. 인생이 불쌍하여 죽든지 살든지 놈을 품고 함께 가기로 작정하였다. 수병은 보트에 올라 노를 저었다. 항해를 계속했다.

내항으로 가까이 갈수록 파도는 잔잔해지고 작은 선박들이 부지런히 떠다닌다. 이제 팔다리도 아프고 체력이 바닥이 났다. 깡으로 버티고 있다. 우리에게 쏠리던 시선의 범위를 벗어났다. 그러나 미군부대의 개더들이 다가와 우리들의 접근을 막았다. 그녀들을 만나서 물이라도 좀 얻어 목을 축여야 하는데 그녀들은 비번이라는 것이다. 안타까웠지만 보트의 이물을 돌려야 했다. 다시 출발지로 되돌아와야 했다. 이제 낯익은 뱃길이니 두어 시간 노질하면 선듦 해안으로 귀항할 수 있을 것 같았다. 그러나 그것은 죽음 일보 직전의 경거망동이었다. 물때가 되어 파도가 여간 거세지 않았다. 완고히 방파제의 접근을 막았다. 잘못하다간 보트머리가 방파제에 정면으로 부딪쳐 박살나고 말

것 같았다. 바다에 풍덩 뛰어들어 수병은 헤엄쳐 나올 수 있었지만 짹크는 젬병이 아닌가. 놈이 혼자 바닷물에서 헤엄치고 노는 것을 본 적이 없었다.

겨우겨우 조심조심 노를 저어서 방파제를 벗어났다. 정말 썰물의 광기를 보는데 현기증이 났다. 조선소 앞을 지나서 출발지보다 조금 먼 곳에 접안하였다. 꽤 큰 물살과 바위가 부딪치는 소리에 고막이 찢어졌다. 한낮에 출발하였는데 해는 서산으로 기울고 있었다. 노을이 얼굴을 붉게 물들이었다. 보트를 물가에 팽개치고 쓰러졌다. 이 처참한 항해의 전사들을 칭송할 사람은 아무도 없다. 얼마나 잤는지 온몸이 찹찹하여 눈을 뜨니 밀물이 들어와서 온몸이 물 범벅이 되어 있었다. 이 수병 아닌 수병은 천우신조의 항해를 무사히 끝낸데 대하여 하나님께 감사를 올린다. 호기심이 많은 수병의 망령된 행동이 빛을 볼 날이 있으리. 항해사가 되는 그의 오랜 꿈은 시작부터 좌초하였다.

공생병원 뜨락에서

달빛은 은은하게 무서리내린 섶나무 위를 비추이고 소리 없는 것들이 바람에 흘러내린다.

지향 없이 걷고 싶은데 발길이 떨어지지 않는다. 후미진 도로변에 '자원공사' 폭압적인 간판이 턱을 번쩍 치켜든다. 한 대 제대로 정통으로 맞으면 뼈도 못 추릴 것들이 너무 고고한 자세로 달빛을 감상한다. 고철, 파지, 비철류 고가매입… 비스듬히 선 보조 간판의 글자들이 을씨년스럽다. 아무래도 그런 것들은 활활 타는 생명들과의 거리는 한참 먼 것 같다. 하나같이 본니의 소명을 다한 생명 없는 것들의 집합이다. 그들은 자기가 인간에 의하여 버려진 사실을 전혀 의식하지 못한다. 달빛이 좋아서 춤을 춘다. 동류의식에 사로잡혀 수치감을 날려버린다. 끼리끼리 손잡고 팔을 베고 누워 다리를 버둥거린다. 하나하나 뜯어볼수록 묘하고 어찌 보면 고삐 풀린 망아지들이다. 어떤 놈은 전혀 움직일 줄 모른다. 동작을 제대로 못하여 하품을 해대는 꼴이라니, 가관이다. 긴장도 없고 의욕도 없다. 그런 것들에게서 의욕이나 열망을 구해본들 무슨 소용이 되랴마는 그래도 아직은 존재가치가 있을 것이다. 유형한 것이나 무형한 것이나 산화한 것들에 비하면 아직 여유를 부릴 줄 안다. 그들끼리 체조하는 좁다란 노지에서 달리기도 하고, 인간이 하는 짓들을 모방하고 조잘거린다. 혹여 못된 인간의 악습을 되풀이하려는 망집은 아닌지 숨을 돌릴 사이도 없이 뼈다귀 꺾어지는 소리가 뿌드뿌드 요란하게 들린다.

이제 그들은 어디로 실려 갈 것인가? 알지 못하는 것만 의식된다. 자신의 선택은 허락되지 않았다. 거침없이 밀려오는 생각의 궤를 넘으며 움츠려든다. 하나 그것은 기우이다. 이미 정해진 코스가 있다. 재활공장으로 실려 간다. 활활 타는 불길 속에 들어가서 짓이기고 치대어 또 다른 형상으로 재탄생한다. 송두리째 형질이 바뀌기도 한다. 파지든 철편이든 각각 다른 용기 속에 들어가서 녹아버린다는 데는 이의를 달지 않아도 된다. 그렇게 맘을 고쳐먹으면 형체는 변해도 본질은 그냥 그대로이니 서럽다거나 애달파할 건더기는 없다. 재생을 거부하는 자유는 공허할 뿐이다. 그냥 시간에 따라 어떤 변화를 수용하면 최상의 생명을 연장하는 길이다.

그런데 사람들은 그들의 변모를 재생이라 부른다. 다시 살아난다는 자긍심이다. 무엇이 초생이고 무엇이 재생인가. 상상이 이르는 대로 실체를 잡아내기 쉽지 않다. 처음 만들어진 삶이 소명을 다하고 형체를 바꾸어 태어났다고 해서 재생이란 말을 붙여도 좋은 것일까? 볼품없이 닳아진 자기는 죽었으되 다른 것으로 변모됐다 해서 재생이라 이름 짓는 고집을 버리면 모든 것이 다 잘 될 것이다. 남의 생명을 빌리지 않고도 스스로 살아갈 것이다. 한번 죽고 다시 태어나도 영원히 소유할 수는 없는 것이다. 자아를 버린 영생, 그 자체는 무의미한 것이다. 이것은 유달리 침체의 늪에 빠져 머물기를 거부해도 찌그러진 양은 함지박의 푸념은 상존한다. 노란 양은 냄비가 굴러다닌다. 주방 제자리에 있을 때는 어느 것보다 주부의 손맛을 즐겼는데 이제 옛 주인의 사랑도 총애도 시들하다.

옆자리의 녹슨 유모차가 벌떡 일어나 버티고 앉아 있다. 뿌드득 자리를 박차고 일어났지만 제 힘으로는 어쩔 수 없는 오기를 한번 그냥 부려보는 것 같다. 난 영원한 추억 속에 살고 싶은데 모든 것이 자기를 외면한다며 설움을 곱씹는다. 함함 입을 벌리고 있는 냉장고를 보고 이제는 덜 춥냐고 이죽거린다. 자기는 귀엽고 사랑스러운 아이들 생각을 하면 오늘 밤 깊은 잠을 자긴 다 틀렸다는 게다.

여기 폐품창고의 신세가 되기 전까지는 귀여운 아이들과 곧잘 나들이를 하며 즐거워했다. 자기는 그 아이들과 할머니 사이를 엮어주는 다리 역할을 하는 것이 가장 행복한 일이었는데 이제 어디가도 지난날의 영화를 되찾을 꿈도 못 꾸고 이렇게 이슬에 젖어있을 뿐이라고.

사흘에 한 번씩 자원공사에 들르는 할머니는 마음이 넉넉하였다. 아무리 그런 일을 못 하게 자녀들이 말려도 막무가내다. 초저녁에 일찍 잠자리에 들었다가 중천에서 달님이 빙글빙글 웃을 때 카트를 끌고 집을 나온다. 낯익은 골목길을 오르내리며 휴지, 박스, 빈병 등을 모아뒀다가 뭉뚱그려 돈과 바꾸었다. 고작해야 주당 1, 2만원 벌이, 그 돈을 어디다 쓸 것인가. 혼자 입치레를 하자는 것도 아니고 용돈을 달라고 졸라대던 손자도 훨씬 커버렸고 고등학교를 졸업 하고는 되레 할미걱정을 한다. 돈이 생겨도 쓸 일이 없다. 생각하면 돈이 생겨도 쓸데가 없는 생활은 따분하다. 그래도 돈을 모았다. 먼 언덕 너머 언저리에 신에게도 버림받은 천사들이 눈에 밟혔다. 배고픔과 몸이 성치 못한 아이들은 흘릴 눈물도 없다. 할머니는 그들을 돕고 싶었다. 그들은 할머니를 기다렸다. 그래서 카트를 끌고 거리를 누빈다. 몸져누울 때까지 일손을 놓지 않을 생각이다. 사람은 누구나 크고 작은 소망과 저마다의 소임이 있는 법, 그 소망을 이루려고 그 일에 즐거운 맘을 쏟을 때 행복해지는 법이 아닌가. 그런 맘으로 달빛과 별빛 속을 넘나들며 천국으로 가는 문을 두드릴 것이다.

나는 첫 새벽 산보 길에 재생을 기다리는 뭇 존재들이 거하는 간판 앞에서 얼찐거렸다. 산더미처럼 쌓인 것들을 생명과 바꾸는 길은 열릴 것인가. 끊임없이 인간들은 물건을 만들고 소용없어지면 내다버린다. 제대로 한 번도 안 써보고 고스란히 폐기되는 것도 숱하다. 거듭 생명이 태어나고 소멸되고 다시 재생을 기다리는 그 순간의 논리에 사로잡혀 반이성적인 행위를 반복한다. 그러나 사람이나 물건이나 만물은 유한한 것, 소멸이나 무화를 거부해도 끝내는 무화되고 말 것이다.

달빛에 젖은 옷자락에 떨며 거니는 새벽, 아주 망가진 자전거를 세워놓고 보고, 눕혀놓고 보고, 내 맘이 흡족할 때까지 결론 없는 결론을 도출해 내려고 같은 동작을 반복한다. 설렘과 뿌듯함이 교차되는 소용돌이에서 아우성치는 의미는 무엇인가. 만약에 내 앞에 보이는 저들이 온전하다면 어떤 선택을 할 것인가. 그들이 나를 선택할 것인가 내가 그들의 선택을 받을 것인가? 마음속 깊은 곳에서 귀뚜라미 소리가 들린다. 이 가을이 깊어지면서 무상한 소리에 깜짝깜짝 놀란다. 잠에서 깨어나 몽유병자처럼 내가 소유한 모든 것들을 방바닥에 진열해놓고 값이며, 들고남이며, 유용한 항목을 기입한 물품노트와 대조하며 허비한 내 인생의 반환점이 어디쯤인지 가늠해본다. 진정 인생의 반환점은 없는 것인가. 인간도 재활용품같이 생명을 고쳐 받고 영생할 수는 없는지, 인간에 대한 인간의 개조실험은 어디까지 왔는지 공생병원의 뜨락에 핀 달맞이꽃이 너무 황홀하다.

빛과 어둠 사이

너무 밝아서도 안 되고 너무 깜깜해서도 싫다. 밝지도 어둡지도 않은 중간지대쯤이면 어떨까? 그런 곳이 있으면 마음을 졸이지 않아도 좋을 것이다. 한달음에 달려갔을 것이다.

하지만 그런 곳은 쉽지 않다. 누구나 명암의 사이를 오가며 때로는 긴장하고 때로는 해이하게 된다. 그런 것을 반복하는 생활이 가슴을 짓누른다.

어제 저녁 8시경 아이들이 잠자리에 드는 것을 보고 회사에 출근하였다. 형광등 불빛 아래 아주 자잘한 부품들이 줄지어 있다. 젊은 여성들이 작업대에 둘러앉아 전자제품을 조립한다. 기계가 아닌 손으로만 작업을 하는 것이 정말 힘들다. 야간작업이 주간작업보다 몇 배나 힘들지만 자청하였다. 낮에 아이들을 돌볼 사람이 없어 어쩔 수 없이 선택한 것이다. 너무 고달프고 신경이 쓰인다. 손을 잘못 놀려 불량품을 내면 시급이 깎이는 것은 말할 것 없고 일자리마저 잃게 된다. 그것이 두렵고 긴장을 배가한다. 그런 감정을 잘 조절해야 된다. 작업이 고된 만큼 야간에는 특근수당이 붙는다. 한 푼이라도 더 벌려고 입을 옥다물고 화장실에 가는 것도 참는다. 그래서 가급적 국이나 물을 섭취하지 않는다.

다음날 새벽 4시 반 작업이 마감될 때까지 졸음을 참으며 부지런히 손을 놀렸다. 퇴근을 해서도 밥을 하랴 아이들 책가방을 챙기랴 분주하다. 아이들이 등교하면 하교할 때까지 잠시 눈을 붙인다. 그래도 엄마 없는 썰렁한 집보다 기다려주는 엄마가 있으면 덜 쓸쓸할 것이다. 다른 애들처럼 과외나 학원공부는 못시켜도 옆에 앉아서 다독이고 간식을 챙겨준다.

남편은 이웃 도시에서 공장생활을 하며 2주에 한 번씩 집에 온다. 오기 바쁘게 자기가 자취하는데 필요한 것을 챙겨 짐을 싼다. 아이들과 놀아줄 시간이 없다. 그런 날이 계속되어서인지 숫제 아이들은 아빠를 언제 봤냐는 듯이 데면데면하다. 아무리 그래도 부모와 자식들 간의 정을 놓아서는 안 된다. 엄마라도 있어야 집안에 훈기가 돌지. 엄마가 아빠와의 가교역할을 한다. 아이들이 삐뚤어지지 않게 맘을 어루만져준다. 그래서 아이들과 함께하는 낮 시간을 늘리려고 야간작업을 자청한 것이다.

피로가 겹쳐 쓰러질 법할 때가 많았지만 이제 이력이 붙어 아무렇지 않다. 밤이 낮이고 낮이 밤이다. 박쥐같은 생활이 좀 허들 부럽지만 즐겁고 살맛이 난다.

그녀의 옷차림은 늘 깔끔하고 머리칼은 단정하다. 언제 봐도 얼굴에 웃음이 실려 있다. 처녀 적에 미용기술을 배웠다고. 그럼 그렇지, 머리만지는 솜씨가 보통 아니라니깐, 같은 동 아낙들이 수군거리는 소리가 들리었다. 야간근무에 파김치가 되어 지칠 대로 지쳤는데 언제나 아담하고 우아한 자태를 유지할 수 있었다. 어쩌다가 엘리베이터 안에서 만나면 상냥하게 웃는다. 안녕하세요. 같은 인사말이라도 진심을 담고 있어야 받는 사람도 행복하다.

그녀는 짤순이다. 인색하기보다 이재에 밝다는 뜻이다.

지금 거주하고 있는 아파트도 그녀가 결혼 전에 마련한 것이다. 하긴 젊은 날 가난을 벗어나려고 업소를 운영한 적도 있다. 억척스런 의지의 여인, 그러니까 지금 1인 3역을 빈틈없이 해내는 것도 그때의 저력이 바탕이 되었다. 다른 사람들이 공장에 다니지 말고 미용실을 운영하면 수입도 좋을 텐데 왜 힘든 공장 일에 매달리느냐고 물었다. 그러나 그녀는 아이들의 공부에 역점을 두었다. 혼자 바동거려봐야 번거롭기 만하고 실속이 없다는 것이다. 조금 낫게 수입을 올리는 것보다 아이들의 뒷바라지 하는 것을 우선으로 여긴다.

근로자 계층이 많이 거주하는 아파트는 고만고만한 아이들이 뛰놀고 통통거려서 시끄럽다. 으르렁거리고 까칠하게 굴었다. 이웃간 충돌도 잦았다. 아침저녁으로 시비를 가리는 목소리들이 높았다. 그러나 그 집 애들은 조용하고 상냥하다. 어른을 보면 인사를 잘하고 고분고분하다. 아마도 엄마의 조용한 성품을 닮은 것 같다. 이웃과 가족 간에 화목하게 지내는 것이 그녀의 생활신조이다. 각박하게 어려운 생활을 하는 사람들끼리 앙앙거리고 다투며 살 것이 뭔가. 말썽 없이 살아도 본전인데 무엇 때문에 아웅다웅하느냐는 거다. 그녀는 자기네가 사는 환경을 어떻게 가꾸어가야 하는지를 잘 알고 있었다. 어둠보다 빛이 밝은 쪽으로 건강한 삶을 설계하였다.

나의 시비(詩碑)

시비가 있는 숲길을 조성한다고 비용을 조금 내면 나의 시비를 세워주겠다는 초대장이 왔다. 그때까지 묻혀있던 일들이 머리를 번쩍 치켜든다. 내가 시인인가, 아닌가. 자문자답 해본다. 나 같은 무명시인에게도 그런 기회를 준다고 하니 고맙기도 하고 많은 시인님들에게 누가 될까 민망스럽기도 하다.

나는 공동주택에 살고 있지만(셋방살이) 사정이 허락하면 단독주택에 살고프다. 제대로 격식이 갖추어진 전원주택이 아니라 그냥 태어나서 성장한 옛날 그 집에 사는 게 꿈이다. 속 깊은 이가 나보다 먼저 떠나면 동네 앞에 묻어두고 오며 가며 문안드리고 비가 오면 덮어주고 더우면 햇볕을 가려주고 눈이 오면 눈을 쓸어주는 그런 사람이 살고 있는 동네에 내 집을 마련하는 것이 좋겠다.

이 경우의 집을 묘비라고 해도 좋고 시비라고 해도 괜찮다. 영혼이 머물지 않는 공동구역에 질서 있게 서 있는 시비는 무명시인도 원치 않는다. 그러면 나의 시비를 어느 곳에 세울 것인가. 남산으로 올라가는 길가에 자리를 잡으면 될까. 번잡하지도 않고 너무 외지지도 않다. 한데 명리를 좇고 시류에 민감한 사람들이 어울려서 살아가는 세상이 허락해 주지 않을 것이다. 안될 일이면 아예 입을 뗄 생각도 그럴 맘도 없다. 뭐 중한 게 있다고, 고개 한번 수그리면 된다 해도 그러긴 싫다.

얼마 전 객지에서 눈감은 이의 자손들이 부모의 분묘를 쓰려고 향리를 찾았는데 마을 사람들이 길을 막았다. 살아서 돌아왔다면 몰라도 살아서 고향을 버리고 떠났다가 죽어서 돌아온 자에게는 아무리 제 땅이라도 한 평의 땅도 허락할 수 없다는 좀 야박한 인심을 읽고 만감이 교차되었다.

굳이 돌아갈 맘이 있을까? 시비를 어디 세우면 어떤가. 생전의 고향에 세운다고 무슨 큰 의미가 있을까? 얼마 전 통일동산 한 귀퉁이에 세워놓은 雲石 최광렬 선생의 시비를 보면서 서울 나들이를 했다. 운석 선생이 생전에 이 시비를 보았다면 초라한 자신의 모습을 보고 이걸 시비라고 세웠나, 대갈(大喝)하며 껄껄 웃었을 것이다. 그곳이 '살아서도 객지면 죽어서도 객지' 타향살이의 허접스런 팔자가 기구하다. 하필 거기로 자리 잡은 진의는 뭔가. 대중음식집 뒤편에 잡초가 무성하고 인간의 마음대로 자리 잡은 곳이긴 하지만 언제 개발이 되어 나그네를 흔적도 없이 밀어낼지 모른다. 시비를 다른 곳으로 옮겨 자릴 잡아줄 후학이라도 있는가. 민망한 생각은 들지만 우울해 할 것은 없다. 난 약주를 잘 못하지만 생전에 그러했던 것처럼 약주를 받아놓고 마주 앉아 운석 선생에게 권하고 싶다.

언젠가 乙木이 이제 설설 떠난 준비를 해야지. 고향마을에 시비를 세우려고 말을 꺼냈다가 자네는 고향을 위해서 무엇을 했느냐고 따지고 드는데 마른 땀을 흘렸다고. 적잖은 동네 발전기금을 내고 시비를 세워도 좋다는 허락을 받아내긴 했으나 모든 것을 재물과 결말을 지으려는 고향 인심이 조금은 서운하다고 했다.

그 말을 들은 나는 멍했다. 굳이 생전에 시비를 안 세워도 작품이 인구에 회자되면 사후에 다른 사람이 세워줄 것이고 작품을 남기고 싶지 않아도 남을 것이다. 억지로 남기려고 드는 것이 무슨 의미가 있는가. 유행처럼 번지고 있는 시비를 세우는 풍조는 딱하다. 어떤 이가 시비를 세우는 비용을 모으려고 구걸하는 것을 보고는 망치로 머리를 한 대 얻어맞은 것 같았다. 다른 이는 시비 하나 세우지 못하여 안달인데 생존 시인 중에는 14개의 시비를 세웠다고 자랑하는 것을 보니 괜찮은 사업이라는 생각이 들었다. 돈으로 이름을 내고 조악한 시인 흉내를 낼만도 하다.

나는 나의 시비를 가슴에 묻고 가겠다. 나에게 시비를 세우라고 충동질을 하지마라. 내가 나의 시비를 세우는 우를 범하지 않아도 남을 것은 남으리라. 남지 않고 세인의 기억 속에 까맣게 잊힌들 무슨 한이 되리. 따지고 보면 시비뿐만 아니라 사후엔 아무 흔적도 남기고 싶지 않다. 그렇게 할 것이다. 단단히 맘을 먹고 살아간다. 살고 죽는 것이 자연의 이치인데 뭘 애달파하랴.

노터치

금강송이 울창한 숲속을 거닐며 갯바람을 호흡하는 것은 더없이 평화롭고 행복하다. 덥지도 춥지도 않고 그런 숲의 품안에 안겨 살아가는 것을 바라지 않는 사람은 없을 것이다. 그러나 맘먹은 대로 다 가질 수는 없다.

간밤에 살 눈이 내렸다. 조금은 추운 듯했지만 그런대로 산속을 거닐 만하다. 일 년에 한두 번 3박 4일로 온천 마을에 오지만 아쉬운 생각이 없지 않았다. 할 수만 있으면 영원히 그곳에 머물러 있어야 한다고 해도 마다할 생각은 없다. 온천수에 몸을 푹 담갔다가 나오면 찌뿌드드한 전신의 피로가 확 풀린다. 다시 태어나는 느낌이다.

남는 시간을 어떻게 보내지, 잠을 자든가, 동네를 한 바퀴 돌아오든가. 맘 가는 대로 할 일이다. 집을 떠나오면 모든 것을 다 잊는다는데 그렇지 못하다. 호텔을 나와 동네를 한 바퀴 돌기로 했다. 동네 안집들은 깨끗하나 온기를 느낄 수 없었다. 사람이 살고 있는 흔적이 없었다. 빈집들이 수두룩하다. 썰렁한 동네를 한 바퀴 돌고나서 윗동네로 발길을 돌렸다. 거기도 한두 집을 빼고는 사람이 살고 있는 집이 없었다. 낯선 사람을 봐도 개들은 짖지 않는다. 매사가 귀찮다는 듯이 낮잠에 취해 있다.

동네의 맨 위쪽으로 갔다. 2층집이 퍽 인상적이었다. 전망이 좋은 집, 헌데 빈집 같으니 어쩌지, 나의 착각이기를 기대한다. 논밭을 가로 질러 산으로 간다. 농작물은 없고 검은 전선이 가닥가닥 길을 막는다. CCTV가 설치되어 있다. 이 깊은 산골에 누가 온다고, 무슨 사고가 날 일이 있을라고. 이내 생각을 바꾸었다. 두릅나무들이 다문다문 서 있다. 제철이 아니어서 다행이지 제철이었다면 나는 도둑으로 몰려서 단단히 경을 쳤을 것이다. 두릅나물 눈만 붙은 가지에 바람이 이죽거린다. 나도 감시를 피할 수 없다는 생각에 소름이 돋는다. 산기슭 쪽으로 올라간다. CCTV가 동아줄이 되어 내 목을 바짝 조인다. 지금이 칠팔월 송이가 나는 철이었다면 나는 어김없이 강도로 마을 사람들에게 붙삽히고 매타작을 했을 것이다

노터치, 그러니까 송이 밭에 들어가서도 안 되고 그 옆을 지나가며 이상한 몸짓을 했다면 영락없이 불을 맞았을 것이다. 후

유 한숨이 나왔다. 왜 이렇게 산골인심이 몰라보게 변질 되었는가. 경제적으로 풍윤해진 만큼 후한 인심도 각박하게 변하였다.

새벽등산을 하려고 근린공원을 지나다가 깜짝! 놀랐다. 얼마 전까지 만해도 그러지 않았는데, 사건 발생 전의 예방조치라니 갑자기 낯설어진 느낌이다. 몇 군데 카메라가 설치된 곳을 지나 산으로 올라갔다. 산도 화초밭처럼 전등이 켜져 있다. 평화로운 공간이 개미 한 마리 얼씬하지 못하게 폐쇄되었다. 불신과 불안이 만연해진 사회에서 안정된 삶을 누리는 것은 불가능하다.

문명이 발달할수록 왜 범죄는 지능화 되어 가는가. 도덕적 기반 위에 문명이 서 있지 않아서 일어나는 현상일 것이다. 우리는 경찰이 도둑을 잡는 시대에 사는 것이 아니라 도둑이 경찰을 농락하는 시대에 살고 있는 것이다. 그래서 시쳇말로 '민나도로보데스' 그런 농을 한다. 옛날에는 지금처럼 도둑이 성행하지 않았다. 도둑질을 해도 낭만이 있었다.

주인과 도둑이 주고받은 메모, '도둑님! 싹쓸이하지 마시고 우리 두 양주 먹을 것 좀 남겨두세요' '그래요, 조금만 실례 할게요'

그래서 옛 사람들은 도둑을 '양상군자(梁上君子)'했는가. 익살스런 별칭이다.

죄를 지어도 벌하지 않는 사회는 양심불량이다. 떨거지들이 양심수라는 말을 즐겨 사용했다. 도대체 무슨 뜻인가. 죄를 짓고도 양심수라고 하다니 언어도단이다. 양심 있으면 죄를 짓지 말아야 할 것이지, 그것은 한갓 말의 장난에 지나지 않는다. 죄를 지었으면 반드시 벌을 받아야 마땅하다. 애써 잡은 도둑도 양심수라고 떠들어대는 자들이 있는 한 CCTV카메라는 무용한 것이다.

인류의 스승으로서 소크라테스의 진가는 독배를 마신데 있었다. 악법이라도 법을 준수한 것이 그로 하여 우리의 존경을 받는 것이다.

새벽마다 골목마다 짤깍! 짤깍 돌아가는 소리에 죄 없는 죄를 통감한다. 검은 손이 가슴 속으로 들어오는 싸늘한 촉감을 느끼며 살아가는 삶은 얼마나 고달픈가.

도시의 수탉

수탉이 그 청아한 목소리를 뽐낸다. 내 깊은 잠 속을 날아다니는 화려한 자태와 청아한 목소리는 정말 압권(壓卷)이다. 암탉을 데리고 뽕나무숲 속을 헤집고 다니며 굼벵이를 쪼아 먹인다. 검붉은 볏을 세우고 집안 곳곳을 설치고 다니는 꼴을 보면 내 볼품없는 남성이 질투가 날만도 하다. 그러나 그 아름다운 자태와 고운 음률이 어디서나 통하는 것은 아니다. 도시의 음울한 공간은 수탉의 거오한 행태를 허용하지 않는다. 새벽은 물론 낮 한때도 자유롭지 못하다. 닭은 인간에게 알과 고기를 제공하는 존재일 뿐 그 이상 화려한 역할을 기대하기 어렵다.

도심에서 닭을 기른다는 것 그 자체가 금기이다. 외곽이면 몰라도 제대로 된 삶의 공간을 그들에게 주지 않는다. 한두 마리를 기르면서 즐기는 것은 아련한 추억거리지만 수천수만 마리를 기르는 것은 금전적 보상에 대한 우리들의 유혹일 뿐이다. 그런 헛된 욕망을 도심에서 충족하기란 어렵지만 그래도 향수가 남아서 한두 마리 기르다가 이웃과 시비에 말려들기 싫어 그만둔다. 첫 닭 울음소리를 들어보아라. 소음으로 인하여 생활이 얼마나 낭패되고 황당할 것인가. 낮에는 소음에 묻혀 들리지 않다가도 밤이면 음산한 바람을 일으키며 도심을 마구 휘저어 놓는다. 우리들이 한밤중에 주술적인 오싹함에 떠밀려가는 기분을 어쩌지 못한다.

첫새벽, 아직도 꿈속을 헤맨다. 꼭 꼬기오! 어디메 나는 소리인지 분간을 할 수 없다. 매섭게 뒤통수를 강타 당한다. 너는 베드로의 닭을 생각해 본 적이 있는가. '베드로 너는 첫닭이 울기 전에 세 번 나를 부인할 것이다.' 그렇게 예수님은 말씀하셨다. 그 말씀을 들은 베드로의 표정을 가히 상상하고도 남는다. 자기를 신뢰하지 않은 스승에 대한 서운함이 진하게 묻어 있을 것이다. 스승의 큰 사랑을 가슴에 품기엔 그의 그릇은 너무 작았다. 우주적인 사랑을 제대로 가슴에 품었는지 의문이다. 듣기만 해도 온 전신에 찍찍한 땀이 밴다.

또 한 사람의 제자였던 유다가 총독의 병사들이 존경하는 스승의 거처를 물었을 때 그는 '난 몰라요, 어디 있는지 몰라요' 긍정도 부인도 아닌 어정쩡하게 대답했다. 그리고 유다는 용서

받지 못할 죄를 지었다. 병사들에게 스승이 있는 곳을 고자질했다. 그래서 그는 스스로 배반의 낙인을 짊어지고 살았다. 유다는 은 40냥에 스승을 팔아넘긴 죄책감에 시달리다가 자기 목숨을 버림으로서 하나님의 용서를 빌었다. 과연 그런 비극적인 상황에서 스승을 옹호하고 병사들을 따돌리는 그런 대담하고 신실한 사도가 몇몇이나 있을까? 유다의 고자질로 예수를 체포한 병사들이 베드로에게 '이 사람을 아느냐'고 세 번이나 물어도 그는 굳게 입을 다물었다. 병사들이 세 번째 모르는 사람이냐고 물었을 때 첫닭의 울음소리가 들렸다. 온 세상에 가느다랗게 울려 퍼졌다. 예수님은 조용히 병사들에게 끌려갔다. 예수님의 예언이 적중했다기보다 진리의 말씀이 얼마나 고통과 참회를 동반하는가를 깊이 되새기게 한다. 베드로는 그의 잘못을 뉘우치고 하나님의 말씀을 온 누리에 전파하는데 사역하였지만 한 사람의 가엾고 불쌍한 사도가 아니라고 강하게 부인하긴 어렵다.

때는 정확히 인시(寅時), 3시와 5시 사이, 먹이를 찾아서 인가로 하산했던 뭇짐승들이 심산으로 숨어들어가는 그 시간, 산사 인근에서 홰치는 닭 울음소리를 들을 수 없듯이 번화한 도시 한복판에서 닭소리를 듣는다는 것은 불가해한 일이다. 고요함과 경건함이 끈끈하게 배어있는 그곳 그런 속에서 숨을 죽이며 살아가는 인간의 맘은 언제나 침울하다.

그러던 것이 어느샌가 마을외곽으로 도로가 나고 빌딩이 서고 도시가 조성되었다. 닭이 우는 소리는 배반과 오욕의 산물로서 기억될 뿐이다. 불신과 불안 온갖 비정상적인 것들이 활개를 치는 곳에 무슨 정적이 있으며 평안을 바랄 것인가. 정말 인간은 많은 것들을 소유하려고 몸부림친다. 마귀들의 몫 이상으로 탐욕스럽다. 질시하고 투기하고 사기치고 난투극을 벌이고 찬탈을 일삼는다. 아귀다툼의 지옥에서 살아간다. 겉으로 아주 순백하고 선량한 척 포장한다. 내면으론 진한 흑암이 깔려 있으면서 검은 것을 검다고 고백할 줄 모른다. 자기 자신만은 그렇지 않은 듯이 온갖 질병의 가대기 속에서 닭이 알을 치듯이 꿈틀거린다.

우리들의 지난 삶 속에는 초저녁이면 소쩍새 울음소리가 들려오고 자정이면 먹이사냥을 나갔던 부엉이가 날개를 터덕거리는 소리가 젖은 장작을 패듯이 칙칙하게 고막을 때리었다. 새벽이면 어김없이 경고의 울음을 토해놓는 수탉의 그 우아한 자태를 상상하기 어렵지 않았다. 도시 외곽에서 들릴 듯 말듯 들리는 동경의 끄나풀이 술술 풀려나가듯 가슴을 죄었다. 이젠 도시는 그렇다 치고 농촌에서도 닭 울음이 자아내는 정서나 이미지는 퇴색되어 간다.

수탉이 주는 이미지의 하나를 김유정의 단편 「동백꽃」에서나마 읽을 수 있다는 게 어쩌면 다행이다. 동백꽃이 흐드러지게 핀 계절이 깊어간다. 첫사랑의 고백을 무시당한 점순 양의 심술도 만만치 않았다. 눈에 아른거려 도저히 참을 수 없었다. 자기네 수탉이 이웃 수탉과의 싸움에서 이겼을 때의 쾌감, 만족감으로 그나마 틀어진 열등감을 조금은 치유할 수 있었다. 사랑에 대한 복수, 매몰차게 되갚아준 감정을 그렇게 표현하였다. 반대로 싸움에서 패했을 때 끓어오르는 분노와 치욕, 열등감을 가눌 길 없었다. 인간은 이성적이기보다 다분히 감정적이라는 사실을 확인하게 된다. 종종 자신의 분노를 이성으로 삭이지 못하고 동물을 통해서 대리만족을 획책하는 어리석음을 저지른다.

그런 만족이라도 없으면 우울증에 빠지는 도시의 질병 같은 것을 맛보지 못했을 것이다. 그것은 멍하니 눈을 뜨고 당하는 기분, 귀를 열어 놓고도 듣지 못하는 자꾸 높아만 가는 빌딩에 눌리어 살아야 하는 비애일 것이다. 자신의 작아진 삶의 슬픔을 어떻게 떨쳐버려야 할지? 그래도 인간은 쉽게 진애를 떠날 줄 모른다. 문명의 편의와 안일에 젖어 산다. 그럴 때 봉이 없으면 닭이라도 내어 놓아야 하는 기지를 발휘할 재간이 없다. 이제는 될 수 있는 대로 건강한 삶을 유지하려면 도시와는 멀고 풀냄새 풋풋한 곳으로 가서 사는 것도 나쁘지 않을 것이다. 딱딱한 시멘트 바닥을 구둣발로 동동 굴러 봐도 그게 그거라는 허탈감에서 벗어나기 힘들다. 물질문명과 편리를 뒤로하고 과일냄새 풍성한 거리 속에서 행복을 추구할 수는 없는 것일까. 번잡한 도시를 떠날 수 없을지라도 닭이 울지 않는 도시의 삶이라고 비척할 것이 아니라 얼마든지 도심 속에서도 용맹정진(勇猛精進)이 가능하다. 마음먹기에 따라서는 모든 장애를 다독이며 수수롭지 않은 삶을 누릴 수 있을 것이다.

동백꽃 일기

그때까지 고향에서 너와 나는 둥지를 떠난 적이 없었다. 군 입대한 후로 병영에서 자고 먹고 땅에 뒹굴고 정말 눈코 뜰 사이 없었다. 영내를 거닐다가 민간인이 지나가는 것을 보면 금방 눈시울이 붉어졌다. 어찌나 반가운지 얼른 달려가서 품에 폴싹 안기고 싶었다. 그러나 말없이 돌아서서 두 주먹으로 눈물을 훔쳤다. 언제 신병교육을 끝내고 다른 부대로 배치를 받느냐 다른 생각을 할 겨를이 없었다.

7월 한더위 훈련소를 둘러싸고 있는 푸른 산맥에서 뿜는 열기가 대단했다. 강과 무논에서 증발되어 날아오는 후덥지근한 바람에 숨이 콱콱 막혔다. 영외로 출장교육을 나가는 날은 기분이 붕 떴다. 별천지에 머물다오는 무엇과도 바꿀 수 없는 기분이었다. 오갈 때 시가지를 통과하는데 상점이나 사무실에 드나드는 청춘남녀를 보면 더욱 그들의 자유로운 모습이 눈시울을 촉촉이 적신다. 입소하던 날 면회를 하러온 민간인의 얼굴을 한 번 보고는 너는 볼 수 없었다. 일주일 뒤에 면회소는 폐쇄되고 훈련소 안에서는 민간인의 그림자도 보기 어려웠다. 어쩌다가 장병위문공연단을 먼발치에서 보는 것이 고작이었다. 그런 공식적인 위문보다는 휴식시간에 들려오는 노랫소리가 더 가슴을 파고들었다. 오랜 기억에 남아있다. 오락시간에 한 병사가 자청하여 노래를 불렀다. 정말 그때의 내 심정을 제대로 드러낸 것 같아 옮겨 적는다.

흘러간 삼년 세월 일기장 속에
남쪽바다 물새 우는 고향 포구를
잘 있거라
떠날 때 목이 메어
잘 가세요 네
그리운 그 아가씨
사진이 한 장.

밤마다 적어보는 일기장 속에
이 내 마음 동백꽃 핀 고향 포구를
잘 있거라
사나이 가는 길에

잘 가세요 네
손에다 쥐어주던
만년필 하나.

유달리 노랫말 중에 '사진이 한 장'과 '만년필 하나' 그 두 구절이 가슴을 뭉클하게 쥐어뜯었다. 사실 그 나이가 되도록 사진을 별로 찍어본 적이 없었다. 초등학교 졸업앨범에 희미한 흔적이 남아있는 내 얼굴. 중학교 입학원서를 쓰다가 남은 몇 장의 증명사진. 요즘사 휴대폰을 눌러대면 마구 찍혀 나오는 머루를 씹는 것 같은 얼굴들, 소담한 배경이 맘을 끌지 못한다. 두 말할 것 없이 휴대폰을 가진 사람들은 누구나 사진기사요, 사진예술가다. 흔하디흔한 풍경과 사물을 찍어대니 그렇게 가슴이 뜨거울 리 없다. 하지만 몰래 숨어서 만나던 그 아가씨의 사진 한 장은 그리움의 대명사다. 진한 인연이 없어도 가슴을 울렁이게 한다. 가사 속에 삽입된 이름 모를 환영을 몰래 훔쳐보면서 노래에 빠져들었다.

그리고 '만년필'은 수많은 사연의 이미지다. 말과 글로 다할 수 없는 이야기가 서리서리 똬리를 틀고 앉아 졸음에 빠지게 한다.

화려하지 않은 배경이 가슴에 착 안겨온다. 시간과 공간이 아스스하다. 3년 세월, 그때는 복무연한이 36개월이었다. 지금은 24개월도 많다고 무책임한 얼뜨기 정치가들이 나불거린다.

병사로서의 일정한 정련기간도 거치지 않고 어떻게 조국을 지킬 의지가 있다고 하겠는가. 하긴 군대에 가지 않은 것이 무슨 자랑이라고 떠벌리는 뭔가를 착각하고 있는 사람들을 보면 머리가 지근시근 아프다. 군대 간 세월을 허송한 것으로 치부하는 지도자 밑에서 살아온 세월이 더 치욕스럽다.

'고향 포구'에서 불어오는 눅진한 바람에 앙가슴이 휘둘린다. 늘 앞에 나와 노래하던 그 병사는 지금 어떤 모습을 하고 있을까? 동백꽃을 보면 지금도 가슴이 떨릴까? 어깨를 보듬고 우는 날이 있을까. 입대하는 아들이나 손자를 보고 자기의 군대 체험을 담담하게 사실적으로 이야기하고 있을까? 속맘과 그림이 오버랩 되는 애절한 노래는 슬프면서도 짜릿한 행복감을 묻어나게 한다. 그만큼 젊음은 귀한 것이고 우리의 밝은 미래를 약속해 준다. 미래 없는 젊음은 조락하는 가을과 같다. 젊은 심장은 콩닥콩닥 뛰어야 살맛이 난다. 무성하게 자라는 성장속도가 나뭇가지의 우듬지가 자라듯이 눈에 보인다.

내 책상 앞에 놓인 동백꽃 화분의 빨간 꽃잎을 보며 흘러간 반세기를 짚으로 자리를 치듯이 토막토막 구역을 지어본다. 튼튼하고 건강하며 낙오 없는 시대의 감격을 되새겨 본다. 잠이 없는 밤은 동백꽃 편지라도 쓰고 싶다. 수신자가 없어도 글씨를 또박또박 박아 써서 차곡차곡 광주리에 담는 행운을 누리고 싶은 것이 나만의 숨은 비밀일까?

동암 해변(東巖 海邊)

둘이서 기장읍 시랑리 해변의 너럭바위에 앉았다. 갯바람이 살랑살랑 손가락 사이를 간질인다. 코끝에 스며드는 솔향기, 비릿한 갯냄새가 답답한 가슴을 쓸어내린다.

얼마만인가. 이렇게 호젓하게 앉아 갯냄새를 맡아본 것은 30년도 더 된다. 그녀와의 첫 만남이 오롯이 살아서 굼틀거린다. 새록새록 눈앞에 아른거리는 것이 어제 일 같다. 해변으로 나오지 말고 읍내로 들어갔으면 어땠을까. 노가리 창자 썩는 냄새가 코를 찔렀으나 그렇게 싫지는 않았다. 내게는 아주 익숙한 냄새였다. 어판장이 있는 항구에서 성장하였으니까. 푸른 소나무 청청한 곳에서 성장한 그녀는 코를 쥐고 왝왝거렸다. 얼른 그곳을 피해가서 냉수를 마시게 하고 등을 두드려주었지만 민망했다.

강구항을 거쳐 대저로 빠지는 산모롱이, 자동차들이 드문드문 굴러다니는 것이 다행이었다. 비포장도로에 보송보송 먼지가 날았다. 빽빽이 들어찬 곰솔들이 몰려오는 바람을 막아주었다. 나지막한 산언덕으로 올라가서 바위에 앉았다. 달콤한 밀어를 속삭이지 않아도 산과 바다의 푸른 물결이 바로 그것이었다. 해녀들이 해소를 불며 물 밖으로 나왔다. 갓 따온 해산물들이 싱싱하였다. 전복 한 마리를 샀다. 해금만 짜내고 바닷물에 헹구어 그녀에게 먹어보라고 권했다. 그러나 그녀는 입을 가리고 얼굴을 붉혔다. 나는 시범이라도 해보이듯이 입안에 넣고 잘근잘근 씹었다. 입안에 풋풋한 향이 가득 고였다. 그러나 지금 생각해도 내 행동이 야만적이었던 게 분명하다. 산촌에서 자란 그녀는 나의 행동을 보고 흉을 보았으리라. 그녀가 지성의 소유자라면 나는 야성의 소유자이다. 야성과 지성이 한데 어울리어 큰 굴절 없이 살아왔다면 다행일지 몰라도 그런 나의 행동을 두고두고 험구하는 속 좁은 생각을 나무라야 할지 그날의 실수를 만회할 길이 없었다.

동해 용궁절을 두루 구경하고 수산과학관의 뒤편으로 난 길을 걸었다. 그녀의 손을 덥석 잡기 민망하다. 그때는 몰랐는데 잡히는 손이 차갑고 알따랗다. 늘 가까이 있으면서도 멀리 있는 것 같은 감정의 변화는 어떤 것일까? 바닷가에서 성장한 나는 그곳을 떠나 있어도 친숙하지만 산골의 속 깊은 맘을 살갑게 대하지 못한 일들이 너무 안타깝다. 세속의 번뇌에 떠밀려 살아왔으나 이제는 휴식을 취하면서 돌아다볼 여유를 가지려 한다. 뜀박질 하듯이 앞으로만 밀려가는 것이 인생살이는 아니잖은가.

TV를 보다가 저런 곳도 다 있는가. 암벽과 암벽 사이 깊은 구렁에 바닷물이 출렁거린다. 바위 위에 용립한 절도 보고 해수관음상 앞에 다소곳이 엎드려보고 싶었을 것이다. 나는 언젠가 그곳에 가본 적이 있지만 아내는 바다그림에 흠뻑 놀랐다. 해물 짬뽕도 먹어보고 싶다고 말했다. 그냥 지나칠 수 없어 그러자고 약속했다. 그러나 약속한 날에 내 형편은 말이 아니었다. 감기 기운도 있고 비가 온다는 예보도 있고 약속을 뒤로 미루고 싶었지만 언제 그런 기회가 올지 예측할 수 없고 한번 지나간 것을 되돌리는 것도 어려울 것 같아 내친 김에 가려고 집을 나섰다.

보통열차에 몸을 실었다. 매련 없이 긴 굴속을 달리는 KTX가 싫어서 강변길을 택한 것이다. 파릇파릇 솟아오르는 주변의 산을 보고 못자리논의 물을 보고 싱그러운 변화를 예감한다. 맘졸이던 변화는 파멸을 가져왔다. 푸른 물이 흙탕물로 변했다. 유속이 느려서 언제 제 모습을 찾을지 난감하다. 맑은 물에 살던 어류들이 멸종하지 않을까 두렵다. 강의 흐름을 막고 멋대로 언덕을 쌓고 제 맘대로 뜯어고치는 것은 인간의 오만이다. 자연을 두려워할 줄 모르는 자는 자연을 말할 자격도 없고 그 은혜를 누릴 자유도 없다. 온갖 핑계를 대고 자연을 해치는 자들의 일탈을 막지 않으면 공멸하고 말 것이다. 산과 강은 그냥 빗물에 씻겨가고 흐르는 것이 정상이다. 자연은 있는 그대로가 좋은 것이다. 어떤 변화나 개발은 웬만하면 그대로 자연에게 맡겨두는 것이다. 그게 자연에 대한 인간의 최소한의 염치이다. 자연 사랑이다. 탐욕하지도 않고 시샘하지도 않은 자연에 대한 인간의 경건한 자세가 자연을 살리는 길이다. 검은 강물, 냄새나는 강물을 보지 않고 언제 또 보통열차를 타고 편안하게 이 강변을 지날 수 있을까?

동암에 앉아 바다의 시계를 요모조모 가슴에 새기고 식당으로 자리를 옮겼다. 가면서 쪽파 한 다발을 샀다. 좀체 도회지 인근에서는 사기 어려운 뿌리가 하얗고 줄기가 단단하다. 해풍에 부대끼며 비를 흠뻑 먹고 자란 건강한 모양새다. 간만에 고향과 가까운 땅에서 자란 채소를 보는 것도 생각하지 못했던 행운이다.

듣던 대로 해물 짬뽕의 국물 맛이 사박사박하였다. 구조개를 잘 잡던 소녀 생각이 났다. 불통(바지락)을 삶은 국물에 밥을 말아서 먹고 동저고리 옷섶에 불통을 숨겨가지고 다니면서 까먹던 시절이 아련하다. 그녀는 남미로 이민을 갔다고 하던데 낯선 곳에서 잘 살고 있을까. 겁이 많던 그녀가 자식을 따라서 이민을 갔다니 믿어지지 않는다. 너도밤나무를 보면 고향생각이 나겠지.

모처럼 바다를 보며 피로를 떨고 돌아왔지만 조금도 피로가 덜하지 않았다. 아마 그것이 세월의 무게인가 보다. 그러나 저녁 밥상에 놓인 파저리를 보고 콧물을 빠뜨릴 뻔했다. 고향을 몽땅 옮겨온 것 같은 흙냄새가 솔솔 풍긴다. 기억의 언저리에 굼틀댄다. 얼마간 나의 일상을 가뿐하게 해줄 것이다.

두견새

끊어진 운명의 실을 다시 이을 수도 없고 오던 길을 되돌아 갈 수 없는 아쉬움과 그리움이 가슴 속에 몰아친다.

행자는 열여덟 살에 사랑하는 남자와 결혼을 했다. 많은 사람들의 축복을 받으며 힘찬 첫걸음을 내디디었다. 그리고 해군 대위인 남편은 부대로 귀환하였고 그녀는 시집살이를 하였다. 원인 모를 병에 걸려 시름시름 앓았다. 아마도 지나친 가사노동에 그 원인이 있지 않나 싶지만 드러내놓고 입을 열 수 없었다. 혼자 끙끙거리다가 결혼을 매개한 시숙모의 도움으로 병원에 갔다. 결핵이라는 진단이 내려졌다. 1940년대의 폐결핵, 그 당시엔 죽음의 병이었다. 지체 있다는 집안이어서 당장 내 치지는 않았지만 요양병원으로 보냈다.

다행히 복약을 하고 영양을 취하면 곧 나을 수 있다는 희망이 남아 있었다. 오직 한 마음으로 요양치료에 전념하였다. 이제 한 달만 있으면 퇴원하여 집으로 가도 좋다는 진단을 받았다. 전선에서 돌아온 남편이 자기를 데려가줄 것이라는 기대로 행복한 나날을 보냈다.

뜻밖에 시어머니로부터 날아온 한 장의 편지, 이혼장이었다. 남편은 어디 가고, 이건 아니지. 통곡을 해도 아무 소용이 없었다. 남편은 시어머니의 치맛자락에 숨은 것이 아니라 강요에 의하여 재혼을 서둘렀다. 행자는 혹시나 사랑하는 남편의 앞날에 구름이나 끼지 않을까? 솟구치는 눈물을 지그시 깨물며 도장을 찍었다.

병은 고만고만하였다. 시어머니도 아들을 사랑하지만 남편의 여자인 자기만은 못하리라. 죽도록 사랑한다고 피를 토하고 싶었다. 그녀는 밤마다 슬피 우는 한 마리 두견새. 누가 뭐래도 나는 당신을 사랑해요. 사랑이 펄펄 끓고 있어요. 비록 남남이 된 옛 사랑이지만 사랑해요. 이 세상에서 사랑을 못 이루면 다음 세상 저 다음 세상에서도 변함없이 사랑해 줘요. 천년만년이 지나도 못 잊는 사랑, 변함없이 사랑해요.

그녀는 생활고와 병마와 싸우며 이곳저곳을 전전하였다. 눈발이 휘몰아치는 대전역 구내. 하행열차를 기다리고 있었는데 맞은편 플랫폼 안으로 들어오는 상행열차에 그가 타고 있었다. 창문 커튼을 들치고 바라보는 그를 언뜻 보았다. 어스름 속에서 누군가를 찾는 듯이 시선을 굴리는 모습이 역력했다. 소리치며 찾아보려고 해도 시선을 놓쳐버리고 망연했다. 금방 상행열차는 서서히 움직이고 따라가며 여보, 여기 내가 있어요. 큰소리치며 달려갔지만 소용없었다. 기찻길을 건너뛸 수 없었다. 너무 먼 간격이었다. 목숨을 버릴 각오라면 몰라도 처절한 자신의 모습을 그에게 보이고 싶지 않았다. 지난밤 꿈에 나타나서 미안해요. 미안해요. 여보, 당신. 자기의 손을 꼭 잡고 흔들어대는 꿈이 눈앞에 다시 나타났다. 생시와 같이. 그래서 꿈은 사랑을 낳는 보배인거야. 넋두리를 늘어놓았지만 아쉬운 메아리였다. 쪽 바꿔 주, 쪽 바꿔 주. 슬피 우는 한 마리 두견새.

폭폭 통통 기차는 떠나고 혼자 남은 행자는 소리 없는 눈물을 훔치며 삼등열차에 올랐다. 창가에 앉았다. 언 창유리에 대고 손가락을 호호 불며 '여보, 사랑해요. 우리 살아서 다시 만나요.' 그렇게 썼다. 성에에 가리어져 글씨는 보이지 않았다.

산골에 어둠이 숨어들었다. 낮에는 산나물을 따서 말리고 밤에는 그것을 잘 다듬어서 잔잔하게 단으로 묶었다. 이른 아침 절 아래 마을로 가서 팔아야 했다. 큰 벌이는 안 되었지만 관광지라서 그런지 꽤 실속이 있었다. 자기의 약값에 충당하고 남은 돈으로 주인집 노부부의 간식거리를 대주기 충분하였다. 노부부는 행자를 딸처럼 잘 대해 주었다.

두견새 슬피 우는 밤은 간장이 녹아내린다. 이미 남남이 되었고 잊으려고 했지만 잊어지지 않는 것이 사랑이었다. 잊으려고 열심히 더욱 열심히 이를 깨물고 일에 골몰하였다. 오는 봄엔 주인댁의 묵정밭을 쪼아 감자를 심기로 했다. 그런 희망과 계획을 세워도 그것이 아픈 사랑의 치료약은 못 되었다. 잊으려고 하면 그럴수록 가슴에 부풀어 오르는 것이 사랑이었다. 임금에 대한 신하의 사랑이든 주군에 대한 부하의 사랑이든 상관이 없었다. 가장 애절하고 주먹으로 가슴을 미어치게 하는 것은 남녀 간의 사랑, 그보다 더 진한 것은 부부간의 사랑이 아닌가. 세월이 아픔을 잊게 해준다고. 사람들은 세월이 사랑을 낫게 해주는 명약이라고 했지만 치료약은 아니다. 잊으려고 하면 사랑했던 세월은 선명히 눈앞을 물들인다. 넓은 들판, 유유히 흐르는 강물, 망각의 약으로는 치료가 불가능하였다. 자기 위안이나 도피는 더더욱 싫었다. 아픔을 간직한 채 사는 것이라고. 늦은 밤 두견이 슬피 울어댄다. 남편이 승선하고 있는 병원선의 창가에 기대어 밤마다 슬피 우는 한 마리 두견새. 나는 그렇게 사랑을 앓았다. 쪽 바꿔 주, 쪽 바꿔 주….

매화꽃 활짝 폈네

시작이 반이라는 그 말을 믿고 시작한 영어 공부가 제대로 안 된다. 제대로 될 리가 없는 것이 당연하다. 그 나이에 공부라니, 남의 충고를 흘려듣고 뺑뺑대며 나부댄 것이 우습기도 하고 멍청하기도 하고… 그런 내가 바보스럽다거나 치매에 걸렸다거나 그런 말을 들어도 싸지만 조금도 억울하지 않다. 주고받고 계산하는데 엇셈으로 아무것도 밑진 일이 없다. 그래도 모르는 단어를 찾거나 외우느라고 끙끙 대는 그 시간만은 행복했다.

정신 줄을 놓은 노인, 헌 새끼줄로 허리를 동여매고 손발은 터지고 얼굴에 핏자국이 얼룩졌다. 온통 북데기를 뒤집어쓴 머리칼이 새하얗다. 막대기를 들고 요놈, 요놈 북북 소리를 질러대며 어디론가 바지런히 쏘댄다. 동네 애들은 뒤따르며 깔깔거린다. 행인들은 흥미로운 눈길을 보낸다. 노인의 가족들이 겪는 아픔과 슬픔은 짐작도 못하고 들까부는 무심한 아이들, 무심한 어른들은 하나같이 고개를 돌리고 웃기만 한다. 세상의 무심함을 탓할 바 아니지만 조금은 서운하게 맺힌다. 어떻게 저 분을 정상으로 돌아오게 할 수는 없을까. 요즘 4대 보험 상품 속에 치매도 들어있다는 기사를 보았다.

들일하는 여인들의 복장이 낯설지 않았다. 마늘밭 사이로 몸빼를 입은 몸매가 호리호리하고 움직임이 날렵하다. 흑백의 의상만 보아오다가 화려한 색상에 마음이 끌리었다. 나도 한 번 입어봤으면 하고 혼자말로 중얼거렸다. TV에 비치는 몸빼를 입고 설쳐대는 젊은 친구들이 그렇게 볼썽사납지는 않았다. 그 말을 언제 엿들었는지 아내는 꽤 고급스런 천의 몸빼를 한 벌 선물했다. 내심 그런 날이 오기를 기다렸다는 듯이 나는 얼른 몸빼를 입고 외출은 안했지만 집안에서 자유자재로 행동했다. 통이 크고 품이 넓어서 자유로운 바람의 향유자가 되었다. 천박한 정신의 소유자라고 질책을 받아도 몸빼를 배척할 생각은 없다.

출근에 쫓기지 않게 된 후로 나는 정장이라는 옷을 멀리한다. 양복을 입고 넥타이를 메고 구두를 신는 것이 싫어 내 스스로 무장해제를 해버린 것이다. 점퍼 차림에 운동화를 신고 다닌다. 좀 귀한 자린엔 안 어울릴지 어떨지 모르지만 양반되긴 다 틀렸다는 말을 들어도 어쩔 수 없다. 얼마나 홀가분하고 날렵한지 강력한 외압에서 해방된 느낌이다.

한때 유행하던 농구화라는 신발은 출시되지 않고 등산화가 요즘 대세인 것 같다. 지하철이나 버스 안에서 보면 남녀노소 구분 없이 신발이 보편화되어 간다. 그 편리함이나 경제성에서 유행이 불을 지핀 것이다. 입은 옷들도 캐주얼이 많다. 그러나 몸빼를 입고 다니는 이는 낯설다. 작업복을 입을 자리가 아니어서 그런지 아니면 왜풍에 대한 거부감이 진하게 배어서 그런 것인지 우리 의식의 언저리를 맴도는 그림자가 혼란스럽기만 하다.

아내가 외출한 사이 음식물쓰레기를 담은 통을 들고 관리실 초소 앞에 갔다 왔다. 그리고 책상 앞에 엎드리어 한나절을 보냈다.

외출에서 돌아온 아내가 당신 밖에 나간일이 있느냐고 물었다. 무심코 그냥 그렇다고 대답했다.

"뭘 입고 나갔어요."

"갈아입기 귀찮아서 몸빼 차림으로…."

"그럼, 그렇지 당신이 치매에 걸렸다고 야단났어요."

아파트 안이 후끈 달아올랐다는 것, 아주머니들 사이에 그런 말이 떠돌아도 변명의 여지가 있을 턱이 없다. 하지만 참으로 어이가 없었다. 나는 영락없이 치매노인이란 불명예를 뒤집어쓴 꼴이다.

얼굴에 매화꽃이 활짝 폈다.

젖먹이가 홍역을 앓다가 얼굴에 붉은 반점이 보송보송 생기면 매화꽃이 활짝 폈다고 한다. 그렇게 병줄도 가까스로 한고비를 넘긴 것이다. 매화꽃은 거기서만 피는 것이 아니다. 병원에 가도 알 수 없는 병, 병원에서도 받아주지 않는 노환이라는 병을 앓는 이는 죽음의 문턱에서 순간적으로 환하게 웃는다. 그 얼굴을 보고 매화꽃이 폈다고 한다. 정말 아름답고 해탈한 모습이다. 죽음으로 가는 길목의 평온한 얼굴이다.

나는 할 말을 잃었다. 요즘 때때로 용어나 할 말이 생각나지 않아서 속으로 당황할 때가 많다. 치매의 초기증상과 건망증이 유사하다는 글을 본 적이 있다. 그러나 나는 그런 데 신경을 쓰고 싶지 않다. 치매면 어떻고 건망증이면 어떤가. 차라리 인생의 막장길이 치매라 해도 크게 놀랄 일은 아니다. 거북하고 낯 붉히는 일이 없으면 의사치매(擬似癡呆)로 사는 것도 괜찮지 않을까. 치매는 자기탈출이고 망실이다. 한 많은 이 세상을 살면서 바람에 부대끼면서 아쉬움을 달랠 길이 없으면 굳이 구차하고 설명적인 세상살이보다는 시적인 자기침몰에서 부침(浮沈)을 거듭하며 살아가야하리.

바다의 침묵

앞산자락 언덕바지에 자리 잡은 D여중의 교사 4층에 올라가 창문을 열고 한눈으로 시내를 바라보면 현기증이 난다. 한눈에 들어오는 시가지가 바다 속처럼 울렁거린다. 몇 해 동안 꼭대기층을 오르내리면서 훌쩍 뛰어내리고 싶다는 감정을 억누를 수 없었다. 나비처럼 훨훨 날아 창문을 드나들면 얼마나 시원할까? 높은 곳에서 낮은 곳으로 뛰어내리고 싶다는 욕망, 땅으로 사뿐히 하강하고 싶다는 꿈은 허망한 것이었다. 그 꿈이 실현되었다면 아마 지금쯤은 이런 글을 쓰고 있지 않을 것이다. 내게 호방한 담력이 있어서 그런 생각을 한 것이 아니고, 따져보면 심약하기 그지없는 내가 그런 생각을 품은 것은 막연한 향수 같은 것이었다. 시성 괴테의 성장소설 「베르테르의 슬픔」을 읽고 주인공을 따라서 수많은 젊은 목숨들이 사라진 베르테르의 효과와는 거리를 좁힐 수 없다.

지리산 자락에 서 있는 시비의 주인공, 주성윤 시인은 현해탄의 고혼이 되었다. 가난과 병마와 싸우며 사상적 갈등을 극복하지 못하고 현해탄의 검푸른 파도에 자신의 육신을 맡겨버린 것이다.

얼마 전 제주행 여객선을 탄 70대 노인 두 사람이 어둠 속으로 사라졌다. 선원들은 칠흑 같은 바다를 멍하니 바라보고 발을 동동거릴 뿐 손을 쓰지 못했다. 구조할 길이 없었다. 그날 밤 60대 후반의 노부부도 그런 길을 택하였다. 공교롭게도 그들의 공통점은 늙고 병들고 가난하다는 것, 삶이 얼마나 힘들고 어려웠으면 그런 선택을 하였는지 당사자들이 아니면 속내를 알 수 없으나 비통하기 이를 데 없다. 허무한 인생을 더 살아봤자 무슨 영화가 있을까. 자탄과 회한에 젖어 인생을 마감한 것이리라. 즐겁고 평온한 맘으로 그런 선택을 하지는 않았을 것이다.

'사의 찬미'를 불러 세상에 이름이 널리 알려진 가수 윤심덕은 사랑하는 남자 김우진과 함께 현해탄에 몸을 던졌다. 살아서는 못 이룰 사랑을 죽음으로 승화하였다. 비극적인 사랑의 종말을 암시한다.

광막한 광야를 달리는 인생아

너는 무엇을 찾으려 왔느냐
이래도 한 평생 저래도 한 평생
돈도 명예도 사랑도 다 싫다.

녹수청산 변함이 없건만
우리 인생은 나날이 변한다.
이래도 한 평생 저래도 한 평생
돈도 명예도 사랑도 다 싫다.

노랫말에서 허무와 사랑과 죽음의 그림자가 진하게 곁들인 것을 발견할 수 있다. 그래서 더욱 대중들의 심금을 울리고 우리들의 기억에 남아있는지 모른다. 루마니아의 작곡가 이바노비치의 원곡 '도나우 강의 잔물결'에 우리말 가사를 붙인 것이다.

그들이 뛰어든 바다는 말이 없고 깊은 침묵으로 말을 대신하고 있지만 간절한 절규가 있었다.

나는 밤배 타기를 끔찍하게 좋아하였다. 낮에 여객선을 이용해도 좋은데 해난사고가 잦은 밤배 타기를 탐닉했다. 흐릿한 달 그림자 아래 멀고 가까운 올망졸망한 섬과 섬 사이를 빠져나가는 여객선 선상에서 휘파람을 불었다. 여객선은 3등실 2등실, 특등실로 분리해 놓았다. 선복의 3등실은 곤하게 잠자는 사람들로 발을 들여놓을 틈이 없었다. 해수면 위의 2등실은 좀 나았지만 협소하긴 마찬가지였다. 1등실이 아니라 한간 건너뛰어

특등실, 선상의 옥상옥이다. 내가 있어야 할 3등실을 몰래 빠져나와 사다리를 타고 선상에 올라와 맑은 공기를, 진한 갯냄새를 호흡한다. 사방이 훤히 트이고 물새들이 끼룩끼룩 울며 스쳐간다. 바람이 거셀 땐 물보라가 얼굴에 닿아 찹찹하다. 날씨가 쌀쌀할 땐 후미에 솟아있는 연돌을 껴안고 추위를 쫓는다. 밖에는 나 말고 다른 사람의 얼굴을 보기 어려웠다. 때때로 흔적 없이 사라지는 유혹을 떨치려고 안간힘을 썼다. 살아서 영화도 명예도 사랑도 없지만 그래도 하늘이 준 목숨을 사는 데까지 성실하게 사는 것도 신에게 거역하지 않는 것이리라. 하늘의 뜻을 따르는 것은 또 다른 의미의 행복이리.

꽃절로 가는 길

한길을 걷다가 슬그머니 일행에 뒤처져 꽃절(花芳寺)을 향해 걸어보기로 했다. 몇 번이나 그런 시도를 했다가 되돌아간 그 길, 울퉁불퉁한 진흙길이었지만 발밑이 가뿐하였다. 산자락에 무더기로 핀 진달래가 화사하게 얼굴을 물들이었다.

5학년 애들이 소풍을 왔다. 무심은 그날만은 학교에 가지 않아도 되는데 일부러 학교까지 갔다가 아이들과 함께 왔다. 늘 혼자 걷다가 오늘은 여럿이서 걷는 것이 얼마나 가슴이 뿌듯했는지 모른다. 아이들은 개울을 훌쩍훌쩍 잘 건너뛴다. 학급에서 제가 제일이라고 노상 힘자랑을 하던 상군은 발을 헛디뎌 물에 빠졌다. 아이들이 까르르 웃었다. 그런 상군이 불쌍하였다. 무심은 얼른 제 방으로 가서 제 옷을 가져왔다. 갈아입히고 옷을 말려주었다. 무심은 아이들에게 지난가을에 따서 숨겨놓았던 싸라기알밤, 개암을 선물로 주었다. 고염도 맛보게 했다.

더없이 즐거운 하루였다. 절 앞의 개울을 건너며 장난도 치고 모처럼 교실에서 해방된 느낌을 숨길 수 없었다. 선생님께 장난을 걸어도 선생님은 잘 받아주었다. 그날만은 선생님이 하나도 무섭지 않았다.

"선생님, 이거 드시소."

"뭔고?"

"과자지예."

"고맙군."

선생님은 애들에게 속는 줄 알면서 능청스레 받아서 호주머니에 넣는 척 했다. 아이들이 까르르 웃었다. 선생님도 따라 웃었다.

해는 서산으로 발그레 지고 있었다. 아이들은 종종걸음으로 귀가를 재촉했다. 무심은 살그머니 뒤로 처졌다. 좀 더 함께 걷고 싶었지만 그렇게 하면 절로 돌아가는 시간이 너무 늦을 것 같았다. 얼른 절로 돌아가 저녁공양을 짓는 도섭스님을 도와야 했다. 절에 가니 정작 도섭스님은 부엌일을 다 마치시고 피곤하신지 방에 누워계신다.

"어서 씻고 저녁 먹고 오늘은 일찍 자거라."

"네, 스님."

그렇게 대답했으나 무심은 저녁 생각이 없었다. 까닭없이 눈에서 눈물이 핑 돈다. 핏덩이로 절간에 와서 도섭스님의 손에 자랐지만 요즘 와서 부쩍 절 아닌 곳이 그립다. 자기를 낳아준 그분이 계시는 곳, 길러준 은혜를 모른다고 해도 어쩔 수 없다. 꽃절을 떠나 넓은 대처로 가고 싶었다. 사람들이 바쁘게 왕래하는 거리를 걷고 싶었다. 봄이 지나고 여름을 훨쩍 건너뛰어 서리가 내리면 어떡하나 그런 생각이 났다가 불꽃은 일지 않고 잿빛처럼 사그라졌다. 공부를 많이 하고 도를 닦아 큰스님이 되겠다는 꿈도 한때였다.

눈앞은 노랗게 물들었다. 비비새 소리 스산하고 하얀 호롱불이 바람에 대롱거린다. 햇살에 그을린 얼굴이 발갛다. 그 생각을 하면 사그라지던 기운이 다시 되살아난다. 눈발 속에 빨간 열매가 작은 가슴에 톡톡 박혀 온다. 쉼 없이 흐르는 계곡물에 씻겨간 낙엽들이 뒤따르는 자기를 기다리고 있는 것 같다. 비스듬한 산길을 오르내릴 땐 막힌 가슴이 붕붕 떠올랐다. 언제 비상할 수 있을까? 제가 하는 일들이 시들해졌다. 일찍 일어나 부전을 따라 도량수를 치는 것도 싫어졌다. 밥하고 물을 긷는 일도 싫다. 옥색 치마저고리를 곱게 차려입고 불공을 드리러오는 마님에게 데려가 달라고 간청해 볼까? 이 간절한 염원을 품고, 잊지 말아야지. 하얀 백지 위에 연필자국을 남기는 것도 적선이 아닐까? 텃밭에 심어놓은 시금치밭 잡초를 뽑는 일도 심드렁하다.

망운산에서 불어오는 황금 여울이 눈을 뜨게 한다. 사람들은 그것을 보고 극락으로 가는 문이 열린다고 한다. 어째 거기가 극락인가. 무색무취한 인간들은 탐욕 아닌 탐욕에 오염된 것 같다. 그렇다. 무심은 세속에 묻혀 사는 제 모습을 보았다. 짝을 지어 가정을 이루고 오순도순 사는 것이 좋아 보인다. 공장에 다니는 것도 좋다. 공부를 많이 하고 가진 것이 많은 사람들은 가진 만큼 잘 살고 적은 사람들은 제 힘에 맞추어 살면 그만 아닌가. 그런 생각으로 가득한 투명한 유리 상자 속의 존재를 과시하는 자기를 비쳐본다.

꽃절로 가는 길의 끝은 어디인가. 한 번도 만난 적이 없는 어머니를 만나러 가는 것이다.

가는 길에 옛 동창을 만나서 얘기를 나누고 까르르 웃고 까불고 힘들면 아무데나 풀밭에 주저앉아서 쉬고 해가 기웃기웃 서산을 넘어가도 서둘지 않는다. 늦는 것이 무슨 대수야. 눈치 볼 사람도 없는데 걸음을 멈추어서 안 된다. 어서 가야 한다. 온 힘을 다해서 걸어야 한다. 버드나무 지팡이를 질질 끌며 가야하는 데 길가에 핀 꽃들이 너무 아름답다. 진달래가 너무 곱다.

"무심아, 이시 이리 온 거기가먼 안 돼."

그 소리에 잠을 탁 깼다. 꽃 속에 묻히고 싶었는데 너무 아쉽다. 엉엉 울었다.

나는 고향을 갈 때마다 십년에 한 번 꼴이 못 미치지만 버스를 타고 죽 그 길을 지나갈 때마다 꽃구름이 피어오르는 먼 산 너머를 바라본다. 고개를 넘어와 바다 속에 숨바꼭질을 하는 해를 보고 눈물을 훔친다. 훔칠 눈물도 말라 버렸지만 맘속 그 자리에 꽃절은 늘 머물러 있다.

2.

아름다운 나의 신부여

웃음의 전도사

짱짱쨍쨍… 경쾌한 왈츠 리듬이 홀 안에 가득 울러 퍼진다. 하모니카 부는 사나이 앞으로 몰려온 여인들은 짝짝 손뼉을 치며 함빡 피어난다. 몸뚱이를 굼실굼실 움죽움죽 스르르 미끄러지듯 굴러가는 춤동작은 정말 멋들어지다. 그렇게 신나게 한바탕 놀고는 모두 깔깔 웃음을 터뜨린다. 식당 앞에 죽 늘어선 사람들에게도 스스럼없이 전염되었는지 배꼽을 쥐고 웃는다. 생활연수원에 입소한 할머니들은 첫날 하모니카 소리에 맞추어 한바탕 춤판을 벌이고 2박 3일 머물다가 떠날 때 또 한 번의 신나는 팡파르를 울린다. 악사와 할머니들의 호흡이 척척 잘도 맞아 떨어졌다. 전에 많이 해본 적이 있는 능숙한 춤 동작이요, 낯설지 않은 하모니카 소리다. 하긴 한 달에 한 번 정도 휴양

하러 오는 사람들이니 그럴 만도 하다.

미국서부의 목장지대, 아니면 개척시대에 금광으로 굴러온 노동자, 유녀들, 사기꾼, 도박사, 투기군, 사채업자, 별별 직업을 가진 사람들이 광장 주변의 숙소에 머문다. 화차가 기적을 울리면서 그곳으로 들어오기 전에 장돌뱅이들은 북을 치고 아코디언을 불어댄다. 사람들이 우우 몰려나와서 커다란 원을 그리고 손뼉 치며 춤추고 노래하며 몸뚱이를 흔들어댄다. 그들은 일확천금의 꿈을 안고 몰려온 뜨내기들이지만 그 순간만은 모든 것을 다 잊고 웃고 떠들어댄다.

웃음의 천국 속에 동화된 사람들의 얼굴이 활짝 폈다. 온갖 고통과 설움이 한 가락에 날아가 버렸다. 물론 연수원의 할머니들은 그들과 달리 노후를 편안하고 즐겁게, 건강하고 행복하게 살려는 열망이지만 울긋불긋 갖가지의 복색이 시선에 단풍잎처럼 걸린다. 그 깊은 내면엔 다중의 고뇌가 조용히 흐르지만 온천마을의 하모니카 소리에는 한 인간의 애환이 스며있다.

하모니카를 불어주며 여행길에 피로해진 노인들의 진정제 역할을 해주는 그가 언제부터 그런 소리 잔치를 벌였는가 하면 20년은 실히 된다. 까까머리 총각 시절 연수원에 입사하였다. 처음엔 하모니카를 불지 않았다. 한데 할머니들이 오고가는데 그 분위기가 너무 경직되어 있었다. 그는 어릴 때부터 하모니카의 연주를 잘 했다. 경연에서 입상을 한 경력이 많아도 아무데서나 연주할 맘은 없었다. 집에서는 하모니카를 불어도 회사나 다른 장소에서는 불지 않았다. 혼자만의 고독을 달랬다. 우연히 하모니카를 가지고 연수원에 출근하였다가 한 극성스런 할머니의 요청으로 한 곡 불렀다. 사방에서 박수와 환성이 쏟아졌다. 앙코르를 부르짖는 소리에 마지못하여 또 한 곡 불렀다. 그것이 계기가 되어 연수원에서 그에게 인수인계(안내)하는 임무를 맡겼다. 그리고 날마다 하모니카를 불면서 와이당도 곁들이었다. 인기를 독차지하였으나 그의 마음속에는 그늘이 드리워져 있었다. 기쁨과 즐거움은 또 다른 눈물의 변형이었다. '극도의 웃음은 극도의 눈물'이라고 겉으로는 티없이 웃지만 속으로는 눈물을 흘렸다.

이 고장에 와서 장가를 들었다. 한 아들을 두었다. 아들을 출산할 때 아내는 난산을 했고 산후조리를 잘못하여 당뇨병을 얻었다. 치료를 해도 낫지를 않고 합병증을 일으켰다. 류마티스성 신경통을 수년간 앓았다가 먼저 떠났다. 혼자 아이를 키우느라고 무진 고생을 했다. 아무에게도 속내를 보이지 않으려고 눈물을 참고 살아온 세월, 억지로 웃으며 살아온 인생이다. 그에게 웃음은 당의정(糖衣錠) 같은 것이다.

우리 주변에 웃자는 운동이 일어나고 있으나 과연 웃음은 삶 그 자체를 바꿔놓을 수 있을까? 웃음이 한때의 눈물을 삭여주는 임시방편적인 것일지라도 웃어서 나쁠 것은 없다. 눈물과 웃음의 호환효과를 극대화할 수 있어서 좋다. 훌쩍 찾아와 짧게 머물다가는 훌쩍 떠나는 할머니들의(젊은이들도 있다) 가슴을 후련하게 해준다. 웃음천사가 주는 복음 같은 것이다. 웃음에 인색한 사람들도 그의 하모니카 소리를 듣고 그의 와이당을 들으면 기분이 날아갈 듯해진다. 웃음은 밑천을 들이지 않고 누구에게나 사랑을 받을 수 있고 사랑을 나누어줄 수 있다. 웃는데 따라 웃으면 우리들은 웃음의 공범자가가 된다. 범죄를 짓지 않은 죄 없는 웃음의 공범자는 얼마든지 환영한다. 그는 웃음의 매개자이고 전도사이다. 착한 웃음은 있지만 나쁜 웃음은 없는 것이다. 음흉한 웃음과는 가까이 하지 말라. 웃지 않으려고 억지로 참거나 안으로 감췄다고 해도 웃게 마련이다. 웃음은 사랑의 보혈이다.

하하, 웃음을 터뜨리는 그의 하모니카 소리는 온천수처럼 우리의 피를 맑게 해주고 생활연수원에 온 보람을 오래오래 멀리 멀리 울려 퍼지게 할 것이다.

아름다운 나의 신부여

형의 손에 끌려 미나까이(백화점)에 갔다. 호기심을 자극한 것은 4층에 있는 목마장이었다. 백화점 안을 대충 구경하고 목마 앞에 섰다. 키 작은 내가 형의 도움을 받아 간신히 목마 등에 오르고 옆구리의 구멍에 동전을 찔러 넣었다. 스르르 미끄러지듯 좌우로 흔들리다가 차츰 속도를 냈다. 떨어질까 두려워 고삐를 바짝 죄이고 목마를 따라 흔들리었다. 십분 간 짜릿짜릿하고 어질어질한 동작이 되풀이된 다음 스르륵 멈췄다. 내 몸뚱이가 번쩍 들리었다가 땅에 내리꽂히는 기분이었다.

영도다리 도개교(跳開橋)난간에 서서 다리 밑을 굽어보아라. 목마를 탈 때만큼 어지럽고 매스껍다. 다리 아래로 푸른 물이 출렁이고 짐대가 높고 모래를 실은 거룻배들이 지나간다. 교각

상판의 진공을 가르는 소리에 귀가 멍멍하다. 눈앞이 벙벙하다. 굼실거리며 공간에 차오르는 밀물이 출렁인다. 교각 사이로 멀리 보이는 산맥들이 굼틀거린다. 앞뒤로 나란히 서 있는 준마들이 갈기를 세우고 금방이라도 뛰어넘을 듯이 창공을 향하여 눈을 껌벅거린다. 정지선을 넘지 않은 모습들이 늠름하다. 잘 빗은 갈퀴가 빛나고 흔들어대는 말총이 눈길을 끈다.

기수는 말과 마구간 사이를 걸어 다니며 말들에게 눈길을 준다. 적토마는 흰 이빨을 드러내고 하늘을 보고 힝힝 웃는다. 망설이지 말고 자기를 선택해 달라는 듯 간절한 눈빛이다. 그러나 기수는 선뜩 내키지 않는다. 말의 엉덩이를 한 대 철썩 갈긴다. 말이 아닌 다른 동물은 성추행 운운하고 눈알을 부라리었을 것이다. 그래도 싫지 않은지 말은 가볍게 뒷발질을 한다. 주인이 조금이나마 자기를 알아준다는데 보내는 믿음의 신호이다. 녹색 얼룩말 앞에 선다. 이놈은 성깔이 보통이 아니다. 코를 씰룩거리며 꼬리를 흔들어댄다. 아양이 예사롭지 않다. 뒷다리가 갸름하다. 어제 경기에 출장했던 낯익은 그 경주마다. 아직 피로가 덜 가신 듯 눈빛이 조금 흐리다. 등을 한번 쓱 쓰다듬어 준다. "그렇지 이놈, 너야 너" 충분히 먹이를 먹고 휴식을 취한 섬성말과 동행하는 것도 괜찮겠지. 얼른 안장에 올라 앉아 고삐를 잡아당긴다. 알았다는 듯이 다리에 힘을 실으며 힘차게 걸음을 떼어놓는다. 정말 번개 같은 동작이다. 말을 타고 마장 안을 한 바퀴 돌았다. 초원을 향한 마음이 들뜨기 마련이다.

아, 붉은말 등에 올라 몇 칸 앞으로 걸어 나와 출발선에 섰다. 출발신호와 함께 사력을 다해 달린다. 출발은 엇비슷하지만 백 미터쯤 달리니 선두와 후미간 거리차이가 나기 시작한다. 관전자들은 손에 땀을 쥐고 함성을 지른다. 정작 말은 숨이 턱밑까지 차오르고 등에 땀이 밴다. 기진맥진이다. 승자가 된다는 것은 이미 물 건너갔다. 아무리 박차를 가하고 혼신의 질주를 다해도 자꾸만 뒤처진다. 패배의 빛이 역력하다. 그런 일이 반복되면 퇴출이 예감된다. 하지만 한 번의 실수로 낙망할 필요는 없다. 경주에 패한 말도 얼마간 휴식을 취하면서 보살핌을 잘 받으면 원기를 회복할 수 있다. 사람하기에 따라서는 언제나 다음 경주에 출장할 가능성도 열려있다. 어떤 놈은 금방 우리를 뛰쳐나가려고 성질을 부린다. 감추어진 야성의 발동을 기대해도 좋은지 알 수 없다. 인간에게 주어진 말의 존재는 여기서는 화폐의 가치로 밖에 보이지 않는다. 상금이 얼마 걸려 있느냐는 것이다. 뒤처진 놈은 저래 뵈도 이전에 용맹했다든가 우승을 놓치지 않았다는 꾼들의 이야기는 경기장을 바짝 달굴 뿐 실속은 빵이다. 역시 흥행은 뭔가를 걸어야 흥미롭다.

멋들어진 놈들이 가만히 서 있을 리 없다. 전장에서 초원을 마구 달리었던 숨은 야성이 발동하였다. 창과 칼이 푸른빛을 뿌리며 부딪치는 소리가 광활한 벌판의 허공을 가른다. 고구려의 기마병들이 당나라 보병들을 얼어터진 무처럼 마구 짓밟아버린다. 여기에 뒤질세라. 당나라 군대의 시위가 날아온다. 그냥 있었으면 기마병의 목줄이 뚫렸을 것이다. 거리가 못미처 목숨을 구하고 상대편은 작전에 실패하고 만다. 그렇게 상대를 공격하면서 퇴각하고 퇴각하면서 공격하는 일진일퇴의 긴박한 순간이다. 흐트러진 전열을 정비하면서 재반격한다. 전쟁은 언제나 승자만 있는 것은 아니다. 회색말은 고뇌에 빠진다. 설분할 기회를 노려보아도 좀체 그런 기미가 없다. 그냥 그대로 퇴출당하고 만다면 너무 억울하고 분하다.

세계 1차 대전의 격전장에는 기마의 등장을 어디서나 볼 수 있었으나 지금은 그런 광경을 보기 힘들다. 들판에서 유유히 풀을 뜯는 말을 보기 어려운 풍경이다. 이제 짐 운반과 전쟁수단으로서 말의 효용가치는 줄어들고 그 쓰임을 동력화차에 다 내어 주었다. 마상에 올라 시가지를 누비며 으썩거리는 기사(騎士)에게 경애(敬愛)의 눈길을 보낸다는 것도 옛이야기다. 카레이스에 눌린 것이다. 승마의 의연한 모습과 낭만이 초스피드에 밀려나고만 것일까?

까만 기억이지만 우리 집에서도 말을 길렀다. 마부를 감독하는 일은 여간 힘들지 않았나. 마꾼의 뒷수발을 하느라고 얼마나 애를 먹었을지 짐작된다. 물론 말을 돌보는 일은 일꾼의 몫이지만. 그 말은 전마와 달리 유순하였다. 말을 탈 때의 모습이 아주 늠름하고 우아해 보이지만 말을 사육하기란 보통 힘든 일이 아니었다. 털을 자주 손질해야 하고 정기적으로 말굽을 갈아 끼워야하고 목욕을 시키는 일, 정말 한눈 팔 새도 없이 바쁘다. 소에 비하여 말 사육은 매우 까다롭고 힘든 구석이 많았다.

요즘은 말과 인간과의 거리가 뜸하다. 경주마나 경기마가 아니고 민간에서 말을 사육하고 말을 부리는 일은 그리 흔치않다. 트럭이나 자동차가 말이 하던 일을 대신했다. 빠르고 편리한 동력수단이 있는데 왜 말과 같은 동물의 힘을 빌리어야 할 까닭이 분명치 않았다. 어디서나 말을 탄 기사의 의젓한 기품과 나란히 선 모습이 시선에 들어오지 않는다. 그러나 말이 인간에게 주는 상징적인 의미의 여운은 눈에 그득히 고인다.

한마디로 말이 주는 이미지는 용맹과 미모다.

세 필의 말이 지근거리에서 나란히 서 있는 모습은 실로 장관이다. 정말 눈부시고 찬란한 미모의 신부와 같다. 눈여겨보고 있으면 절로 감탄이 흘러나온다. 오, 아름다운 나의 신부여! 다시금 우리들 앞에서 창공을 향하여 약동해 보라. 아름다움과 우아함을 뽐내지만 말고 앞만 보고 힘차게 달려라. 승부에 상관하지 말고 고구려 전사의 기상처럼 있는 힘을 몽땅 쏟아서 약진하라. 풍우와 우레를 겁내지 말고 앞으로 밀고 나아가라. 절정에서 비상하라. 푸른 하늘을 비스듬히 날아올라 빨갛게 물든 놀속을 헤집고 다니다가 서서히 제자리로 돌아와서 약동의 준비자세를 취하라. 가쁜 숨을 몰아쉬며 또 다른 내일을 기약하라.

눈먼 개

새벽마다 들려오는 그 소리, 한몫 챙겨놓은 보퉁이를 날카로운 발톱으로 발기는 듯 우짖는다. 대낮엔 잡놈들의 잡소리에 먹혀서 들려오지 않지만 날씨만 끄무레하면 어김없이 들려온다. 이제 그만 그치었으면 하는 것이 나의 희망사항이지만 쉽게 이루어지지 않을 것 같다.

그 도금된 소리의 실체는 뭔가. 규명하려고 해도 쉽게 그 정체가 드러날 것 같지 않다. 내 근심의 끌날을 벼른다. 자리에 누워 있으면 캑캑, 찡찡거리는 소리가 새시의 틈을 파고든다. 차츰 귀에 익숙해진다. 꽃은 피었다가 지는데 주인님은 왜 우리들의 처지를 몰라주느냐는 항의인 것도 같다. 힘세고 모진 놈들은 씨도 안 남기고 먹어치우고 눈먼 우리들은 뭐로 허기를 달랠 것인가? 낑낑대는 그 소리는 처절하기 그지없다. 아무리 세상이 각박해도 먹을 것이 없고 배가 고프다는 소리를 들으면 마음이 움직인다. 어쩌면 대중없이 주인도 몰라보고 짖다가 배척을 당하고 분노하는 소리 같기도 하다. 분별없는 인간들이 던진 독극물을 덥석 물었다가 캑캑 토해놓는 소리, 아니 기득권을 덮어놓고 시기하고 도전장을 던지는 항변으로 들린다.

하긴 이런 일들이 다 부질없다. 우주시대에 담을 넘는 것을 보고 짖는 개는 드물다. 넘지 않아도 환히 창자를 빼놓고 다니는 세상, 감시카메라쯤은 두려움의 대상이 못된다. 주민등록번호로 가늠하는 인생은 홀랑 벗어버린 세상에 던져졌다. 이제 개는 짖는 본성을 버렸고, 걸어 다니는 보양제로 인식하는 것이 살신성인의 덕이 아닌가. 이런 객담(客談)은 나만의 착각일까?

그러나 나는 너무 성급하다는 추궁인지 모르겠으나 아직 살아있는 개소리를 종종 듣고 있다. 인류평화를 기원하는 목소리도 들리고, 통일문제 하나만 잘 풀면 다른 것은 다 깽판을 쳐도 좋다는 비이성적인 소리도 들리고 일을 안 해도 잘 먹고 잘 살게 해준다는 소리도 들리고 별별 소리에 순응하지 못하고 흔들린다. 보고도 못 믿는 세상은 너무 진한 적황색이다. 눈이 멀었는지 불평 한마디 쑤군거리지 못한다. 안으로 감초인 것을 드러내지 못하고 눈물을 씹어 삼키듯 남김없이 삼켜버린다. 그것이 힘없는 사람들이 강자 앞에 울어대는 약자의 비밀 병기인지 모르겠다.

나는 눈먼 동네의 주민 한 사람을 만났다. 거뭇하게 자란 구레나룻을 깎을 줄 모르는 자연인. 좀 지저분한 느낌이 들었으나 스스럼없이 다가온다. 그의 가게에 앉아서 우유와 빵을 먹으며 이것저것 물었다. 6·25의 격전지 유학산을 어느 쪽에서 오르느냐고. 저기 강 건너 높은 산 이름은? 그는 세상일이 시들한 사람들은 별걸 다 묻는다는 투로 바라본다. 오늘도 별별 사람에게 대꾸를 해주다가 지쳤는지 심심하면 낮잠을 잘 일이지. 왜 귀찮게 구느냐고 못마땅해 한다. 허나 인심 좋은 사나이는 묻지 않은 말도 잘 대답한다. 말하는 것을 재밌어 한다. 2006년이면 자기도 먹는 유통업은 그만두고 기름회사 사장이 될 것이라고, 얼굴이 상기되었다. 확장도로에 가게 터와 개 사육장이 편입되어 보상을 받게 될 것이라고 은근히 속내를 비치었다. 지금하고 있는 일이 어때서 업종을 바꾸려고 하느냐? 기름 파는 사장이 더 나을 게 뭐 있느냐고 물었다. 그도 그럴 성싶었다. 국산사장, 돈 잘 버는 개사육장사장을 사양하고 길가에 총총히 서 있는 글로벌 사장이 수입은 못해도 그런 사장이 되고 싶으면 되는 것이지. 웬 딴소리를 늘어놓긴, 밉살스럽게. 꿈꾸는 그 마음이 어슴푸레 잡히었다.

앗, 먹은 것을 토할 뻔했다. 차도를 지나다닐 때마다 진동하는 그 냄새, 지독한 냄새가 폐부를 찔렀다. 왜 이곳의 개집들은 이층 삼층 다층인가? 한두 마리도 아니고 백여 두를 사육하는 가상 재벌의 동네가 아닌가. 옆으로 하천이 흐르긴 하지만 오염의 정도가 심하다. 비옥한 들판이 공단으로 편입하고 남은 땅이 변두리가 되었다. 따라서 개 사육장도 다른 곳으로 이설되어야 마땅한데 그냥 그곳에 버티고 있으면 어떻게 하는가? 그곳이 집단 주거지는 아니지만 차와 사람이 넘치는 도로가 아닌가.

사육장 안을 거닐었다. 개 먹이로 쓰려고 죽은 닭을 저장한 대형냉동고. 철망을 엮어 상자처럼 만든 개집, 패인 홈에 흘러내리는 배설물. 얼굴이 찡그려졌다.

그는 나에게 부탁할 일이 생기면 부탁하라고 했다. 나는 부탁할 일이 없을 테니 그런 걱정은 하지 말라고 했다. 그는 그런 날이 올 것이라고 누런 이를 드러내 보였다. 개를 잡는 품삯은 면제하고 고기 값만 받는다고, 그래서 자기는 적잖은 팬을 거느린 인기사장이라고 하면서 헤헤 입이 벌어졌다. 하긴 유명인사로 사는 모습이 좋아 보였다. 나도 그럴 기회가 오면 그렇게 하마고 대답했지만 나는 그렇게 할 기회가 오지 않을 것을 알고 있었다. 개고기를 즐기지 않는다는 말은 숨기고 딴전을 피웠다.

예전에 개를 기르는 집은 그렇게 많지 않았다. 외딴 집이거나 부잣집의 누렁이가 고작이었다. 개도 주인을 따르는 가족과 같은 존재였으나 오늘은 식용이거나 귀부인의 품에 안겨 사랑

받는 놈이 많으니 머잖아 개 공화국의 건국도 가능하리라는 생각이 들었다. 골짝이나 도시의 외곽에 번창하는 개사육장을 봐도 조금도 비밀스럽지 않다. 호화롭게 신축한 사육사에서 오물이 발생하고 개가 짖는 소리 때문에 주민들의 고통은 이만 저만 아니다. 달을 보고 짖는 개소리가 아니라 성대를 수술 받은 개소리가 처절하게 들려온다. 이제 낭만적으로 개를 보는 눈은 무지일 것이다. 눈이 멀었으면 짖지나 말아야지.

언젠가 대밭 속에 철조망을 쳐놓고 개를 기르는 것을 보고 머리가 아팠다. 생활 속으로 파고드는 식용개의 대량사육을 보는 마음이 착잡하다. 대나무가 푸른 것을 자랑하며 인간 속에 버티고 있을 때는 빛을 더해 주었는데 무슨 사단인지 그런 것을 인간 스스로 차단하는 변덕을 알 수 없다.

또 개고기를 먹지 않은 사람들은 즐겨 먹는 사람들을 드러내놓고 말하지 않으나 야만으로 매도한다. 따지고 보면 그것은 문명의 차이보다 기호의 차이가 아닌가 한다. 굳이 제가 먹지 않는다고 남도 못 먹게 말릴 까닭은 없는 것이다. 그러나 사육장 주변의 자연을 망치거나 남에게 혐오감을 주어서는 안 될 것이다. 수음, 악취 그런데 대한 마음씀이 고와야 할 것이다. 이젠 먹는 것에 대한 논의가 아니라 먹는데 따른 부작용을 줄여야 한다.

애완용을 보는 눈도 곱지 않다. 제집에서야 무슨 짓을 해도 상관할 바 아니나 길이나 밖에 나갈 때는 눈을 의식해야 할 것이다. 사랑을 주는 정도가 지나쳐 꼴사나운 일들이 허다하다. 옆으로 날아다니는 털을 보고만 있는 것도 곤란하다. 어디까지나 동물사랑은 자기만족으로 끝나야지 인간과 동물과 동일시하는 것은 또 다른 야만이 아닌가. 개만도 못한 인간들이 있지만 그것은 차원이 다르다.

첫새벽 성대 없는 개가 마구 주둥이를 쿵쿵 끈다. 냄새를 맡은 모양이다. 천만리 머나 먼 변방에서 나는 냄새를 무슨 수로 막을 것인가? 인간의 황폐화를 질책하는 소리가 들려오고 듣기 거북하여 돌아누워 버리지만 그래도 창구멍을 조금 뚫어놓는다. 남의 소리를 못 들으면 귀가 간질간질하다. 포대기로 머리통을 감싸도 마찬가지다. 저 지구의 중심부에서 폭발하는 괴성을 멀리 하고 살 곳은 없는가. 또 캑캑 피를 토하듯이 짖는다. 살다 보니 별 소리를 다한다고. 눈먼 지성의 번득임은 필요 없다고 컹컹 여운을 넓혀 나간다. 잡아야 할 것을 잡지 않고 위험에 노출된 자신을 돌아다 볼 여유도 희망도 없는 세상에 살아갈 길은 개같이 짖고 개같이 뚱땅거리는 길 이외에 다른 지름길이 있느냐고 준절히 나를 타이른다.

강둑에 앉아

I

일출 전 강둑으로 나와 걸어 다닌다. 왕복 4㎞. 전신에 땀이 배면 의자에 앉는다. 기다리는 것은 없지만 늘 기다리는 자세를 못 버린다. 맘을 그렇게 먹으니 한없이 안온하다. 맑은 공기가 콧구멍을 간질이며 눈을 씻어준다. 서늘한 바람이 옷깃을 스쳐 간다. 이럴 때 누군가에 대한 간절한 기다림이 없었다면 고뇌에 매달리었을 것이다. 기다림이 없으니 바람도 없고 생각도 없다. 이것을 무념무상이라 해도 되는가. 멍청히 앉아 있지 말고 스치는 바람이라도 한 자락 잡아놓지 않고 너무 무심하다. 지나간 시간과 다가올 시간을 하나로 묶어 놓지 못하는 것이 아쉽다.

때때로 내가 왜 이 자리에 앉은 나를 끌어내리려 하는가. 그

흔한 명상을 실오라기처럼 감았다가 풀었다가 반복하는 동작에서 나를 탐색한다. 눈을 감고 대상없는 흉내를 내어 본다. 꺼이꺼이 여운이 길다. 후드득후드득 갈대를 때리는 빗방울 소리가 귓가에 맴돈다. 고속도로를 달리는 차소리가 혼란스럽다. 강물소리는 잠잠히 속으로 흐르는데 그 속맘을 알 길이 없다. 복합적인 소리에 넋을 잃는다. 내 일찍 쇼팽이나 모차르트에 길들여지지 못한 권태에 실망하여 흐느낀다. 이 장엄한 아침의 물소리가 반주처럼 들린다. 소란스럽지 못한 생활의 하모니는 계속될 것인가.

숨을 멈추고 귀를 기울이면 싹트는 씨앗소리이다. 방정맞게 드럼을 치는 까치소리도 들린다. 천적이 자유를 억압하는 것들의 발짓 손짓 부비는 소리가 숨길을 가로 막는다. 뒤돌아보지 않을 수 없는 절박한 상황, 어쩌다가 먼 산에 비가 묻어오는 것이 암울하다. 내 의자를 가까이 가져간다. 아카시아 꽃이 벙긋 웃는다. 있는 듯 없는 듯 좀 더 진지한 자세로 머리를 흔들어 댄다. 진지함은 은은함을 뛰어 넘는다. 풍요로움도 좋지만 품안에 폭 안기는 촉각 사이로 번지는 자유로움이 더 자유롭다. 인간은 자기를 버린다, 버린다 하면서 자기를 떠나지 못한다. 욕망에 얽매여 있다. 재물이나 명예만 그런 것이 아니라 자연속에서도 자기가 주도적으로 우뚝 서려고 한다. 강바닥의 마른 풀에 불을 질렀다. 도저히 속을 채울 수 없는 분노의 화살이 날아간다. 또 화염에 휩싸이게 되면 숨이 붙어 있어도 살아있는 것이 아니다. 인간의 비애를 맛보려한다. 그래서 항상 자기를 비우지 못한다. 뭔가를 기다린다. 기다림은 그렇게 안개처럼 묻어온다. 우리가 바라는 이상은 아니다. 비애이다. 고뇌이다. 내 의자를 싸고 도는 습기만큼이나 침침하다. 내일 아침은 그런 일이 없겠지. 맑게 씻은 나의 얼굴을 빛바래고 싶다. 풀과 나무와 돌들이 굴러다니는 강둑에 앉아 더도 말고 덜도 말고 고만고만한 자기파괴에서 해방되어야 할 것이다.

II

차츰 좁은 면적이 배춧잎 색으로 넓혀진다. 강 언덕 밑 구렁의 갈대는 겨울 빛을 못 벗어났다. 푸드득 푸드득 청아한 목소리가 길게 공기를 가른다. 장끼와 까투리가 깃을 세우고 돌진하다가 넘어지고 자빠지고 서로의 교태를 자랑한다. 유유히 흘러가는 나의 아침은 장끼들이 직성을 부리는데서 시작한다.

아마도 장도령이 장가를 가고 싶은 모양이다. 까순이의 둥지를 방문하였다가 퇴짜를 맞은 꼴이다. 이렇게 막무가내로 쳐들어오는 법이 어디 있는가. 뒷문을 닫지 않고 살짝 걸어만 두었는데 눈치 없이 소란을 피우다니 이웃의 눈도 무섭지 않은가. 뭘 몰라도 한참 모른다.

봄은 꿩의 계절이다. 봄꿩은 스스로 울음 운다(春雉自鳴). 바람든 무처럼 무너져 스스로 운다. 울어도 눈치를 못 챈 천치바보가 너 말고 세상에 또 어디 있는가. 자탄의 소리가 들려온다. 산 넘고 물 건너 시집간 누나 생각이 문득 난다. 이젠 무소식에 더 익숙하다. 녀석들은 왜 그렇게 울어대는가. 울어서 좋을 것도 없고 지나가는 총잡이가 거니를 채면 어떡하라고. 언덕 밑 풀더미에 머리를 묻고 가슴을 졸일 것인가. 청아한 목소리를 뽐내면 담녹색의 날개를 털어야 한다. 저 산으로 날아가야 한다. 그러려면 강물 위를 날아서 건너야 한다. 사냥개에게 쫓겨 더는 못가고 숨차서 더는 날지 못하고 탕 소리에 낙하하였다. 어찌 이런 일도 있는가. 나무 위에 올라가 바람 따라 흔들리면 갈급한 상황을 피할 수 있지 않았을까. 자신을 드러내어 불을 맞은 것이다. 누구를 탓하리. 귀한 꿈을 잊었다. 그것이 꿩의 잘못인가 포수의 잔인한 총격인가. 꿩이 한두 마리일 땐 스스로 가라앉은 정서는 패륜이었다. 떼를 지은 수십 마리가 밭에 앉아 초봄에 뿌린 씨앗을 파먹으면 분한 생각을 떨치지 못할 것이다. 야생하던 꿩을 우리에 가두고 사육을 하면 그것은 인간이 할 수 있는 지혜일까. 먹고 살기 위한 인간의 탐욕일까 즉답을 기대하기 망설여진다.

꿩 사냥은 그렇게 하는 게 아니다. 콩알에 바늘 끝으로 구멍을 파고 사이나(청산가리)를 넣고 촛농으로 땜질을 한다. 그것을 밭고랑에 던져둔다. 눈먼 꿩이 콩알인 줄 알고 쪼아 먹고 잠을 잔다. 소르르 잠을 자다가 다시 깰 줄 모른다. 뒷산에 나무하러 간 떡쇠가 홍자를 만났다.

그것을 줍고 둥지를 뒤져 알을 줍고 한 열흘만 있으면 부화될 것들이 무산되었다. 떡쇠는 그것들을 여물 솥에 삶아서 먹었다. 졸음이 와서 누웠는데 눈이 뜨이지 않고 자고 또 자도 잠이 모자랐다. 풋심(말라리아)을 했다. 시름시름 병이 깊었다. 행운이라고 좋아 했는데 행운이 아니라 재앙이었다. 조물주가 사람과 자연에게 고루 나눠 준 선물이다. 어쩜 계산된 행불행인지 모른다.

나는 바스락거리는 마른 갈대숲에 앉아서 꿩이 날기를 기다렸다. 그들이 날아서 강을 건너는 것이 보고 싶었다. 날아가다 지쳐서 강물에 떨어지는 한이 있어도 날아야 한다. 그러나 꿩은 높이 날지 못한다. 그것이 자연에 대한 관심대상이고 종요로운 한때의 명상이었다.

Ⅲ

하천부지, 강 언덕을 쪼아서 일군 손바닥만 한 땅, 아파트 사람들이 일군 밭들이 올망졸망 하였다. 채소나 푸새를 돈 안들이고 구했으면 하는 바람이다. 다행히 노는 품을 들여 거둘 수 있었다.

호박, 고추, 다섯 포기, 배추 열 포기, 대파 약간, 상추, 돈부 다섯 줄, 고구마 다섯 골, 오이 네 포기, 가지 세 포기, 도라지 두

골, 이런 것들이 튼실하게 자란다. 그때그때 뽑아먹고 또 뿌리고 그것들을 보고 있으면 바쁜 생활의 만화경을 보는 것 같다.

말로 풀어놓으니 대수롭지 않았지 꽤 풍성한 농원이다. 씨앗 값도 많이 들고 비료대도 수월찮다. 극히 제한된 범위 내에서 농약을 쓰고 있지만 원천적으로 유기농이나 다름없었다. 물론 경내엔 꽤 광대한 농원들이 있지만 그런 사람들과 힘겨루기를 할 생각은 없다. 아침저녁으로 부지런히 손질을 해야 한다. 어둠 속에서 조깅을 하고 땀을 식히면서 채전을 돌본다. 밤이슬을 먹고 얼마나 자랐나, 호박순은 얼마나 길게 뻗었나, 눈으로 식별할 수 있다. 고구마 줄도 일찍이 놓아야 줄기라도 따먹지. 애초 고구마를 수확하기 위한 것은 아니다. 배추, 무의 애벌레도 잘 잡아줘야 한다. 한시라도 한눈을 팔면 잡초들이 무성하게 자라서 밭을 뒤덮어 버린다. 뽑아도 세차게 뻗어가는 잡초들과의 살아남기 위한 경쟁은 치열하다.

아내가 공을 들인 덕으로 푸성귀는 자가 해결되었다. 작년에는 장태 콩 다섯 말을 수확하여 장을 쑤었다. 올여름에 콩국수를 말아먹고, 참깨도 들깻잎도 공으로 얻었다. 시장에 가면 고추 한 쟁반 천원, 산나물 한 쥐기 2천원, 시금치 한 단 3천원 돈으로 계산하면 상당히 절약을 하게 됐으니 몇 천 원을 벌었다고 좋아하는 아낙들을 보면 참으로 삶의 귀중한 맛이 거기 있었다. 주말농업이 아니라 농업이 주업이 되어버렸다. 농작물에게 수시로 인사하고 정을 교환한다. 텃밭은 작아도 그 보람은 아주 옹골지다.

Ⅳ

포기와 포기 사이 잡초들이 자기의 존재를 뽐낸다. 바라기, 방가지똥, 마름, 쇠비름, 다양한 것들이 밤새 자라서 논밭을 초토화시켰다. 식욕이 왕성한 잡초들의 행패라고도 하나 그것은 인간들의 가치기준이지 잡초와는 무관하다.

아침운동을 끝내고 둑 밑의 채전에서 잡초들과 끈기시합을 한다. 고개를 빳빳이 쳐든 너희들이 멸종하든가. 내가 지쳐서 물러나거나 둘 중의 하나다. 무심한 살의를 느낀다. 사실 작물을 재배하는데 잡초는 도움이 안 된다. 훼방꾼이요, 심술꾸러기이다. 앙숙이기도 한 그들을 뽑아내면서 가만히 생각의 문을 열어놓는다. 과연 이들에게 가혹한 처사를 해도 되는 것일까? 그들이 백해무익한 존재일까? 아마도 인간의 무지에서 비롯된 것일지 모른다는 생각을 버리지 못한다. 그렇지 조물주가 그들을 창조할 때 무의미한 일을 벌이지는 않았을 것이다. 다시 종자도 못나오게 뽑아버리는 것은 너무 무모하다. 그렇다면 인간의 오만과 편견이 또 다른 판을 벌인 것이다.

인간은 잡초를 뽑아 없애 버리려 하고 잡초는 악착같이 생존하려고 하는 악다구니 속에서 한번 생각해 보면 어떨지 아마

모르긴 해도 잡초도 당연히 살아야 할 존재들이다.

이 생존의 싸움에서 인간은 약삭빠른 지혜를 동원한다. 콩을 심을 때, 고구마 줄을 놓은 때 두둑에 검은 비닐을 깐다. 그 안에 고구마 줄을 놓으면 잡초의 활동을 억제할 수 있다. 잡초는 누렇게 뜨고 벋어나지 못한다. 그러나 흰 비닐을 깔면 잡초는 비닐 속에서 생장한다. 햇빛과 물과 공기 성장조건의 3가지 요소를 갖추었다. 검은 포장으로 햇빛을 가렸을 땐 서서히 자멸한다. 과연 그런 것일까? 식물은 빛이 없으면 안 되는 것일까? 암흑 속에서도 번식하는 박테리아도 생명체이다. 그러니 어떤 도식에 의하여 판단하는 것은 속단이다.

잡초의 반대말은 무엇일까? 별로 효용가치가 없다. 그래서 잡초가 우리에게 비쳐 주는 것은 거울의 관심이다. 잡초가 없으면 인간도 한없이 게을러지고 만다. 꼭 그렇다는 단정은 금물이다. 있는 것은 있고 없는 것은 없는 것이다. 인간과 자연은 서로 상생하는 것이다.

나의 친구가 한걸음 앞선 것은 유기농법보다 자연농법이 더 긴요하다는 것이다. 인간의 힘으로 가꾸는 것이 아니라 잡초 속에서 자란 그들끼리 싹트고 서로 부대끼면서 자란 곡식의 충실도가 더 높다는 것이다. 또 인간은 자신이 필요한 만큼 최소한의 것을 거두고 야생동물들이 취할 수 있는 공간을 비워둬야 한다는 것이다. 환경파괴나 공해도 없고 인간과 자연이 조화를 이루고 살아간다는 것이다.

더위가 맹위를 떨치는 요즘 나는 손바닥만 채전에서 무심코 잡초를 뽑으면서 바지랑대 끝에 앉은 잠자리에게 눈을 흘긴다. 미안한 생각이 들지만 간지대 끝에 앉은 잠자리, 그들의 움직임이 너무 자연스러웠다.

S교수의 죽음

참으로 엉뚱한 곳에서 그 사람이 이 세상 사람이 아니란 것을 전해 듣고 가슴이 선뜩하였다.

S교수와 나는 개인적인 친분은 없었지만 그의 부인과 내자를 통하여 친분이 있었다. 조금은 인연이 없지도 않다. 본리동 B아파트 같은 동에 살았고 S동에 처음 아파트촌이 생길 때 공교롭게도 당첨되어 같은 단지에 살게 되었다. 그의 부인과 내자는 친척 이상으로 교류가 깊었다.

그는 참 재미있고 배울 점이 많은 사람이라고 생각되었다. 체구가 장대하고 건장하였다. 더러 동네에서 옆구리에 고서를 잔뜩 넣은 가방을 들고 바쁘게 다니는 그를 먼발치에서 보았다. 그의 부인에게서 들었다. 일주일에 4일은 부산 H여대에 출강을 한다고. 나와 만날 별다른 기회는 없었다. 그러나 부인이 남편 욕하는 것을 간접적으로 들었다. 강의가 없는 날은 방안에 처박혀 몇 개의 일간지를 철하고, 고서화, 도자기 등을 방이나 마루에 진열하였다. 산더미처럼 책을 쌓아놓아 방안에 발을 들여놓을 틈도 없다고 불평했다. 그래서 그가 사회학이나 정치학을 연구하는가 싶었는데 고전과 한문학강의를 맡고 있었다. 정년퇴직 후 그는 서화 수집을 위하여 북경을 부지런히 드나들었다. 그런 그가 서서히 기운을 잃어갔다. 그의 부인은 그를 동물이라고 귀에 거슬리는 말을 했다. 팔십 넘은 노인이 젊은이처럼 밤에 자기를 못살게 그것을 밝힌다는 것이다. 설마 그럴라고. 아내의 말을 무시했지만 그 나이에 그러려니 젊을 땐 꽤 시중들기 힘든 세월을 보낸 것 같다. 일본 큐슈대학에서 교환교수를 지내기도 했다. 그는 아주 식욕이 왕성하고 역동적인 생활을 했다. 길에서 종종 힘차게 걸음을 떼어놓는 것을 보았다. 대신동 옛 찻집에 친구들을 만나러 아침마다 출근을 하듯이 하루도 빠짐없이 외출한다는 것이었다.

대학을 나온 3남 2녀를 모두 출가시키고 다른 걱정은 없었는데 회사에 근무하던 장남이 실직 상태, 그래서인지 장남구실을 못하고 벌이 하는 부인의 그늘에 가려 살았다. 대학에 출강하는 둘째가 수입이 시원찮은지 자주 손을 벌렸다. 막내는 고등학교의 부부교사로 처가살이를 하였다. 큰딸은 서울에서 유족하게 살고 작은딸은 미국에 이민을 갔다. 가부장적이고 엄격하여 자식들과의 소통이 잘 안되고 충돌이 잦았다. 명절 때 아들들이 오면 언제까지 그렇게 살 것이냐고 불호령을 내렸다. 부자간의 정은 더 엷어지고 겨우 아내를 통한 간접적인 관계만 유지되고 집안은 차가운 기운만 돌았다. 종종 손자들이 놀러오면 한없이 좋아하였다. 그런 날이 한 일주일은 지속되었다.

어느 날 버스에서 내리는 그를 보았다. 자기 집에서 버스 정류장까지는 한 정거장도 안 되는데, 걷지 않고 왜 버스를 이용하느냐는 의문이 들었다. 그는 수년 사이 아주 보폭을 좁게 떼어놓았다. '기찻길' 찻집에 전에는 걸어 다니더니 요즘은 버스를 타고 다니었다. 망월지(望月池)옆 고속도로가 지나가는 터널 밑 언덕에 텐트를 둘러지은 찻집, 찻값은 두루 천원, 텐트 안에 소파와 의자 몇 개가 놓여 있을 뿐 별다른 치장이나 시설이 없었다. 아침저녁으로 늘 오는 사람들, 낯이 익은 얼굴은 퇴직자들, 주로 교수들이 많았다. S교수는 그 집의 단골이었다. 거기가면 세상 돌아가는 얘기도 듣고 생기가 돌았다.

어느 날부터인가 길거리에서 S교수를 만날 수 없었다. 무슨 사연이 있으려니 생각했다.

아내가 시내 투자신탁에 간다고 했다. 저축이 없는데 웬 투자신탁이냐고 물으니 S교수의 부인이 시내 투자신탁에 일억 오천만 원을 예금했는데 만기가 되어 찾으러가니 오천만원만주고 일억은 벌써 찾아갔다고 이런 억울할 데가 있느냐고 마룻바닥을 쳤다. 시간을 좀 내달라고 해서 거기 간다는 것이다. 늦게 집에 온 아내는 그의 부인이 노망이 났다고 실망한 표정을 감추지 못했다. 몇 번 투자신탁을 찾아와서 엉뚱한 주장을 하니 담당직원도 죽을 맛이라는 것, 그의 며느리를 불러냈는데 일주 전에도 그 일로 옥신각신했는데 또 이 소동이냐고 며느리가 짜증 섞인 하소연을 했다. 길에서 만나도 사람을 붙잡고 이말 저말 말을 늘어놓아 뿌리쳐왔는데 아마도 정신이 이상하다는 것이다. 그분이 마을의 건강센터나 의료기 상사에 다니며 노래도 듣고 점심도 먹고 고가의 의료기를 구입한다는 말을 들었다. 종종 거기 아니면 갈 데가 없다고 S교수도 요양원에 가고 늘 아파서 누워 있는 날이 많다고 들었다.

아내는 그분을 자주 못 만났고 한동안 잊고 지냈다. 그런데 아내는 저녁을 먹고 문상을 간다는 것이었다. 웬 문상이냐니까 낮에 근린공원에서 그분을 아는 이를 만났다. 그렇게 미워하고 증오대상으로 여기던 남편이 요양원에 간 지 3개월, 면회 간 부인의 손을 잡고 대성통곡을 하더란 것이다. 어서 자기를 집에 데려다 달라고 졸랐다. 죽어도 거기 있기 싫다고. 부인이 제대로 뒷시중을 들 수 없어 요양원에 왔으니 이제 자기가 짐을 덜어준다는 것, 부인이 밥만 지으면 자기가 시장에서 반찬을 사다 나르고 그편이 요양원에 있는 것보다 낫지 않겠느냐고 애원하였다. 부인은 도저히 그럴 자신이 없었다. 자기도 중병환자나 다름없었다. 누가 먼저 죽을지 모른다고 달래었다. 부인이 왔다 간 뒤로 그는 침대에서 일어나지 않고 누운 채 지냈다. 식사도 잘 안하고 자존심이 상해서 다른 사람들과 말도 섞지 않았다. 그는 요양원에 들어간 지 꼬박 4개월 만에 눈을 감았다. 생시엔 몰랐어도 죽고 나니 그 모습이 너무 슬프게 다가왔다. 남편의 유언은 자기는 화장을 하지 말고 선산밑에 묻어주면 안되겠느냐고 이미 건강할 때 내외의 묘지를 봐두었다. 그런데 자식들은 누가 묘를 돌볼 사람이 있느냐고 반대하였다. 왜 망인을 고향으로 모시냐고, 모친의 의사도 무시하고 멋대로 자기네들끼리 의논하여 그렇게 결정하였다. 망인의 유언이나 모친의 의사는 존중되지 않았다. 살아서 못 받은 효도를 죽어서도 못 받은 것이다. 자식을 낳아서 애지중지 길러서 뭐하느냐? 다 쓸데없다. 부인은 목멘 소리로 울먹이었다. 자기도 이제 요양원에 가든가 어디든지 가야 하는데 갈 곳이 마땅찮아 전주리고 있다고.

하긴 내 머리 속에 요양병원이나 요양원이나 먹고 입는 것을 자기 손으로 해결하지 못하면 무척 고생스럽다는 생각이 맴돌았다. 그것은 또 다른 변형된 이름의 고려장이 아닐까?

일본에는 자식들의 도움을 받지 않고 노인끼리 서로 돌보고 의지하며 살아가는 노인공동체 같은 제도가 있다고 들었다. 능력이 없어서 부모를 못 모시는 자식을 탓할 것이 아니라 노인들 스스로의 자구책을 강구하는 것도 양책일 것이다.

계단을 오르는 여자

언뜻 잠을 깨니 창밖은 모래바람이 불어와서 눈을 뜰 수 없다. 아마도 천신(天神: 하늘 귀신)이 무슨 변덕이라도 부리려는 듯 짙은 안개 속을 빠져나갈 길은 요원하다. 여기서 주춤거려서는 목숨을 잃기 쉽다. 입을 옥다물고 없는 힘이라도 내어야지, 눈을 비비고 다시 보니 솟아오르는 마천루! 두바이의 부르즈 카리파 등 치솟은 빌딩숲은 그야말로 아찔하다. 823m의 124층 전망대까지 어떻게 오를까? 그런 고민은 안 해도 된다. 상승과 하강이 자동이다. 그 높은 꼭대기로 걸어서 올라갈 비런한 사람은 아마 이 세상에 없을 것이다.

구름을 뚫고 하늘로 솟아있는 '알라께서 그분으로 기쁘신 탑'을 정복할 날도 머지않았다는 부푼 가슴으로 아침마다 아파트 계단을 오르내리는 여자가 있다. 크지 않은 몸뚱어리 날렵한 체구의 이 여신의 얼굴에는 송골송골 땀방울이 맺혔다. 한 계단 두 계단 계단을 밟고 오르면서 가슴에 묻어둔 사연을 풀어낸다. 젊어서는 자신의 건강을 돌볼 사이가 없었다. 모든 일상이 자신을 위한 것이 아니라 아이들과 남편에게 초점을 맞춘 곤곤한 세월이었다. 아침엔 부산하게 아이들의 책가방, 도시락을 챙겨주고 아이들이 등교하고 나면 남편수발이다. 양말, 손수건, 넥타이, 양복손질 아이들을 챙기는 것보다 더하면 더했지 덜하지 않다. 남자아이를 하나 더 기르는 것 같았다. 넉넉히 자기가 할 수 있는 일도 은근히 미적거리고 아내가 해주는 것을 즐긴다.

힘들게 살아온 산봉우리를 정복하고 이젠 짐을 내려놓아도 된다. 하산하려고 하니 다리가 욱신거리고 갈증이 자주 난다. 당뇨, 고지혈증이라는 불청객이 찾아들었다. 부자로 산 적이 없는데 웬 부자병, 요즘은 웬만한 사람들도 여유가 있으니 잘 먹고 운동도 많이 하고 건강한 생활을 한다. 그래서 부자병이 아니라 부소자라고 문패를 바꿔 달아야 할 것 같다.

아마 그녀는 산후조리를 제대로 못해서 얻은 병이라고 했다. 적당한 물리적 요법을 실시하고 있으나 날씨가 추우면 바깥나들이가 자유롭지 못하다. 새벽엔 가까운 야산에 올랐으나 날씨가 추워 등산은 그만두고 학교 운동장을 거닐다가 그것도 그만두고 생각해낸 것이 아파트 계단 오르기다. 헬스장에 다닐 만도 하나 그런 일에는 익숙하지 않다. 자신의 건강을 위해서 자기 스스로 치유하는 길을 찾는 것이 상책이다. 매일 새벽 15층 계단을 오른다. 아파트 통로는 춥지도 않고 덥지도 않고 바람도 잠잠하다. 1층에서 15층까지 4번을 오르내리면 60층, 내려올 때는 엘리베이터를 이용한다. 무릎관절이 좋지 않아서이다. 그러니까 자기는 날마다 대한민국에서 가장 높다는 63빌딩을 한 번씩 오르내리는 셈이라고 호언한다. 123층 롯데빌딩도 한달음에 오를 날이 멀지 않았다.

그런데 왜 사람들은 자꾸만 건물의 층수를 높이려고만 하는지 알 수 없다. 무작정 올린다 해도 같은 하늘아래의 돌출물이 아닌가. 바동거리는 맘을 짐작하기 어렵다. 언젠가 뉴욕의 엠파이어 빌딩에 오른 적이 있다. 주르르 밀려 올라갔다가 주르르 밀려 내려왔다. 마치 뒤뜰의 감나무에 애써 올라갔다가 더 버티지 못하고 미끄러져 엉덩방아를 찧는 낭패감을 맛보았다. 팔다리를 다쳐서 깁스를 하고 등교도 못하고 고통스런 나날을 보냈다. 이것쯤이야 문제될 것이 없다고 오만과 편견을 부리어 곤두박질을 친 것이다. 흥미롭게 보고 있던 사람들이 고소하다고 비소를 날려도 할 말은 없다. 엠파이어빌딩 전망대에서 사방을 둘러보아도 안개만 자욱이 끼어 시선을 가렸을 뿐 크게 감격하고 환성을 지를 정도의 감동은 일지 않았다. 인간의 무분별한 욕망의 산물이라는 느낌이 들었을 뿐 무감동했다. 한두 개의 빌딩이 있으면 몰라도 너무 많고 높다는 것은 재앙일 수도 있다고. 지진이 일어난다거나 지각변동에 의하여 지반이 무너지면 아비규환을 실감하게 될 것이다. 아메리카의 9·11사태를 보아라. 안전방비태세가 잘못되어 그런 일이 일어난 것은 아니다. 도심의 상공을 나는 자국의 여객기에 의하여 폭파되고 인류의 최대의 비극이며 참사를 불러온 것이다. 물론 뒤에 아프가니스탄의 테러조직이 숨어있었지만 너무 허망하고 어처구니없는 일이었다. 그래도 사람들은 질병을 앓듯이 하늘로 치솟으려고 한다. 겸손과 온유를 가슴으로 깨닫지 못한다는 것이 안타깝다. 거긴 낭만도 시정도 없다. 낭만을 감정의 낭비로 생각한다면 그것은 오산이다. 적어도 인간의 마음속에는 산을 오르고 싶은 낭만과 열정이 있어야 할 것이다. 그래서 눈 덮인 에베레스트를 정복하고 장엄한 산을 사랑하는 맘이 점철되어 있다. 집념과 정복의지도 오롯이 묻어난다. 아무 보수도 없이 성취를 했을 때의 통쾌함에 비교될 수 있다. 그러나 구조적 욕망에 의하여 하늘 높이 쌓아올려 위태로움을 감당하지 못하는 것은 망발이다.

꼭 높은 산을 올라야 하고 높은 아파트 계단을 올라야 하는 것은 아니다. 자기의 정도에 알맞은 높이로 조절해야 하고 힘 안들이고 오르고 내리면 위험에 노출되는 자신을 보호할 수 있다. 위험은 높고 낮은 것과 무관하다는 그것을 알면 그나마 다행이다.

높이를 두고 이러니저러니 할 것 없는 또 다른 이유이다. 양사언의 시조 '태산이 높다하되 하늘아래 뫼이로다.' 그렇게 시작되는 '태산가'를 읊조리면서 미련스럽게 높이 솟으려는 마음을 성취라고 주장하는 것은 교만이다. 태산의 오름을 칭송한 것은 인간의 성실과 근면을 채찍질한데서 오는 교훈일 것이다.

125층! 어느 나라의 빌딩인지 세계에서 가장 높다고 들었다. 아마 그럴 리가 없겠지. 그럴 리가 있나. 잘못 들었겠지.

앞으로 어떤 호사가가 출현하여 더 높은 곳을 탐할지 몰라도 현재까지는 그렇다는 것이다. 그러나 그것은 자랑이 아니다. 국력이라고 뽐낼 것도 못된다. 졸부의 교태일 뿐이다. 아직 전쟁의 위험에서 못 벗어난 국가로서 전투기가 비행을 하다가 충돌을 하지 말라는 법도 없고 고도비행이 안전하다고 증명된 사실도 아니다. 가증스런 재벌과 가증스런 정치의 무분별한 결탁의 산물일 뿐이다.

첫새벽에 아파트 계단을 오르는 평범한 사람들의 평범한 건강법을 보면서 속성으로 오르려고만 하고 조용히 내려올 줄 모르는 사람들의 뒷모습을 바라본다. 과연 그것이 아름다운 것일까? 미를 추구하는 맘은 조화를 추구하는 맘일 법도 하다. 조화를 잃으면 재앙을 부른다는 것을 잊지 말아야 하겠지. 너무 높이 올라가서 공포에 떠는 것도 좋은 모습이 아니다.

일에 대하여

청년 실업률이 두 자릿수에 급박한다는 보도이다. 과연 이 나라의 젊은 심장들이 제대로 힘 한번 못 써보고 비실비실 허송해도 되는 것일까?

나는 일자리가 없던 시대를 경험한 사람이다. 일자리라는 말이 무척 낯설고 생경하다. 마치 동굴 속을 헤매고 있는 느낌이 든다. 그 시절 우리들은 초등학교를 나오면 농사일을 거들었다. 농사일이 일자리이고 그 일에 매달리는 것이 우리들의 살길이었다. 더러 상급학교에 진학하는 친구도 있었다. 갈아먹을 밭 한 뙈기 없고 끼니가 어려운 친구들은 벌이를 하러 갔다. 앞집 무창이는 읍내 양복점에서 신사복 단추 구멍을 호침하고, 상중이는 이발관에서 하이 칼라들의 머리를 씻어주고, 미애는 병원에서 간호 보조를 했다. 그것이 가장 좋은 일자리요 취직이었다. 그들은 그것을 불평하거나 처지를 슬퍼하지 않았다. 진학한 친구들을 부러워하지 않았다. 속으로는 무슨 생각을 했는지 몰라도 겉으로는 태연하고 의연하였다. 아마 그렇게 일찍 가질 수 없는 체념을 배우고 자기 일에 전념해서인지 지금은 남부럽잖게 살고 있다. 고등학교를 갓 졸업한 친구들도 가업에 종사하였다. 더러 대학에 가는 친구도 있었지만 대개 배움은 고졸로 마감했다. 한두 해 지나면 군에 입대한다. 입대 전후로 한두 차례 바람이 들어 도시를 들락거린다. 취직을 한다고 적잖은 재물을 축냈지만 애초 가망 없는 일이었다. 군입대는 좋은 피난처요 구원이었다. 군에서 제대하면 혼담이 오가고 풋풋한 새색시를 맞이한다. 신접살림을 나고 떠돌던 바람도 잠재우고 한 집안의 가장으로서 소임에 충실해진다. 그게 보편적인 인생의 출발이나 그렇지 못한 친구들도 많았다.

부모님들의 성화에 못 이겨 그냥 농촌에 눌러앉아 농사일을 하지만 맘은 언제나 떠돌이다. 들일을 하러 가지 않고 탈출을 시도한다. 신발을 감춰 놓고 뒷방에 숨어 있으면 물바가지가 날아든다. 좀 심한 편이긴 하지만 내쫓김을 받지 않은 것만 해도 다행이다. 아무리 그래도 365일 일에 묻혀 살 수만 없지 않은가. 한두 번쯤은 친구들과 어울려 외입(가출)을 갔다 온다. 그 정도야 부모님도 양해하지만 그렇지 않을 때도 있다. 편편 자빠져서 논다고 불호령이 떨어진다. '일하기 싫음 먹지 말라.' 그 말이 성구처럼 귀에 못 박혔다. '도회지 사람들은 두 손을 맺고 앉아있어도 호의호식하고 잘 사는데… 바보처럼 땅에 묻혀 굼벵이처럼 일만하다가 죽으라고. 무슨 용빼 일이 있다고 낳긴 왜 낳아….' 차마 그런 말은 입 밖에 내지 못하고, 끙끙 앓았다. 늘 그랬다. 불평한다고 뜻이 이루어지는 것도 아니고 막연한 대상에 대한 분노를 삭이었다.

그래서인지 모르나 오늘날 일자리 타령을 하는 사람들을 보면 머리가 아파진다. 더럽고 위험하고 힘든… 그런 일자리를 거부한다는 말을 들으면 5·60년대로 되돌아가는 위기에 맞닥뜨린다. 그때는 아예 일자리가 없었다. 더러 공무원이 되거나 회사원이 되는, 앉아서 사무를 보는 신의 선택을 받은 친구도 있었다. '빽'이라는 말이 그 시절에 생긴 유행어임을 봐도 사회상을 짐작할 수 있을 것이다. 보통사람들은 벗어 놓고 노동을 하고자 해도 일터를 제공하는 데가 없었고 일을 시키는 사업주도 많지 않았다. 사회 전체가 잘 돌아가지 않았고 빈곤의 늪에 빠져 허덕이었다. 그러니 일자리타령은 사치일수밖에.

일을 하지 않는 사람은 먹지 마라는 말을 되새기면 뼛속에 한기가 오싹 스며든다. 누가 뭐래도 그렇게 틀린 말은 아니다. 엄청 감동적이다. 지금은 물자도 넉넉하고 시간적 여유가 많은 시대라지만 일자리 걱정은 반복된다. 인간은 근본적으로 움직여야 하고 일을 해야 산다. 그래야 생존이 보장되고 평탄한 삶을 지탱해 나갈 수 있다. 그러니까 일하는 자만이 그 생존의 당위성을 부여받을 수 있다. 그러면 일하지 않는 자는 어떻게 될 것인가. 자연히 도태의 길을 걷고 말 것이다. 일자리의 좋고 나쁨을 가린다 해도 제게 꼭 맞는 일자리는 드물다. 한껏 몸을 낮추고 청탁을 가리지 말고 다가가 보라는 말로 문제를 풀어낼 수는 없다.

요즈음 일자리 창출이라는 말이 회자되고 있다. 국가나 사회는 그 사람의 능력에 맞는 일자리를 주고 보호할 책임이 있다. 그렇다고 매양 일자리를 기다리고 생활을 타인에게 의지하는 것도 능사는 아니다. 모든 잘잘못은 자기에게 있다는 인식의 전환이 절실하다. 일은 내 삶의 존재를 확인시키는 근원적인 요소이다. 먹지 않으면 살 수 없듯이 일을 하지 않으면 나의 생존을 부정하는 것이다. 어떻게 나의 존재를 부정하고 내 삶의 당위성만을 확보할 수 있을 것인가.

일은 구원이다. 불 꺼진 영혼의 부활이다. 무슨 일을 하느냐의 문제가 아니라 일을 어떻게 하느냐는 행동의 문제이다. 사람을 사랑하고 생명을 중히 여기는 자는 일을 기피하지 않는다.

일은 인간을 평가하는 상위의 기준이다. 자기 일에 엄숙하고 성실한 자세로 임해야 한다. 일에는 귀천도 우열도 없다. 선택의 자유는 자기에게 있지만 결과에 따른 책임도 자기의 몫이다.

일은 그 자체가 귀하고 천한 것이 아니라 일하는 사람의 태도나 정신에 따라 그 값이 결정된다. 일을 찾는데 게으르거나 자신에게 맞지 않는다고 선택한 일을 쉽게 포기하는 자는 자신의 삶을 포기하는 자와 다를 바가 없다. 남들이 모두 싫어하는 일이라도 선택하고 역동적으로 추진해 나갈 자존이 없으면 자기모멸에 빠진다. 판자를 어깨에 둘러메고 광화문 네거리를 활보할 수 있어야 그것이 진정한 용기이고 자존이다. 한강에서 북악까지 돈이 없으면 걸어갈 용기와 강단이 있어야 한다.

일을 하지 않는데 어찌 최소한의 물질적 정신적 자유를 누릴 수 있는가. 자신이 일을 하지 않으면 다른 사람의 도움을 받아야 한다. 빌붙어야 산다. 자기의 힘으로 자기의 삶을 개척할 능력을 발휘하지 못하면 모든 것을 잃고 만다. 살아있어도 살아있다고 할 수 없을 것이다.

하지만 이 땅에는 일을 하지 않고 출세와 영달을 탐하는 자들이 부지기수이다. 정말 열심히 일하는 사람들이 그것을 수용하기 어렵다. 60년대 파독광부나 간호사들이 국가에 공헌한 바는 적지 않다. 그러나 그들은 선택받은 사람들, 수많은 경쟁자들을 물리치고 뜻을 이룬 사람들이다. 거기에 합류하지 못하고 낙오된 사람들도 얼마든지 있다. 취직문은 예나 지금이나 좁은 것이다. 그래서 사람이 사람답게 사는 길은 일을 하는 것이라고, 자기가 하고 싶은 일이 아니라도 선택했으면 인내하면서 최선을 다해야 하는 것이다.

그리고 꿈을 꿔라. 언젠가는 나의 소망을 성취할 날이 오겠지. 막연한 희망이 아니라 그런 날이 반드시 도래한다고 확신하라. 비록 그것이 실패로 끝날지라도 낙망하지 마라. 남과 비교하지도 마라. 비교는 일에 대한 경멸을 조장하는 태도이다. 자기 일에 몰입하려고 행동하라. 몰개성적인 일도 피하지 마라. 개성에 맞는 일만 하려들면 폭력적인 시간의 무질서를 경험한다. 일을 보면 소나기를 정면으로 맞고 가는 정도의 인내와 자기희생을 기꺼이 받아들이고 앙분하라.

자기 아이에게 육체적인 노동을 가르치지 않는 것은 그에게 약탈, 강도 같은 것을 가르치는 것과 마찬가지다.(탈무드에서) 일을 하지 않는 사람들이 넘치는 사회를 생각해 보라. 일이 얼마나 소중한 가치를 지닌 대상인가를 금방 깨닫게 될 것이다.

그런 곳이 있을까

사람이 사는 곳은 어디나 넘치고 벅적거린다. 자동차, 회색건물, 혼란스런 간판, 홍수 아닌 것이 없다. 그런 빽빽한 곳이 싫어서 신개발지로 이사를 하였다.

나는 그곳에서도 한동안 아침마다 T농고 운동장에서 조깅을 하였다. 밝은데서 보면 어설픈 나의 동작이 우스꽝스럽지나 않을까 하여 캄캄할 때 집에서 나왔다. 뛰다가 숨이 가쁘면 천천히 걸으면서 어둠이 걷히는 학교 안을 눈여겨본다. 건물 안에 들어갈 수는 없었지만 낯선 풍경의 탐색은 꽤 재미가 있었다. 푸름이 넘치는 연못이 있고 네 귀가 반듯하게 정리된 논이 있고, 나뭇잎들의 끝이 싱싱한 수목원도 있고, 붉은 벽돌의 본관 건물 뒤편으로 돌아가면 무엇이 있을까? 궁금증을 더했다. 첨

단온실 안을 들여다본다. 갖가지 화초들은 고운 자태를 자랑하고 있었다. 잘 정리된 교재들로 가득한 잡초원, 무리 지어 뛰노는 꽃사슴들… 곳곳에 자리를 잡은 것들이 새벽잠에서 우르르 깨어났다. 연못 둑에 늘어선 껑충하게 큰 키의 미루나무, 수초 사이로 숨는 잉어 떼가 앙증스럽다. 널찍한 농로에 활개를 젓고 다녀도 가랑이에 이슬이 젖지 않는다. 일요일 같은 날은 논둑에 서서 뉘엿뉘엿 넘어가는 해를 바라볼 수 있어 좋다. 도심의 옥상에 걸린 해만 보다가 대지 속으로 숨는 불덩이를 보면 눈시울이 찡하다.

그런 환경에 철조망을 둘러놓은 것이 거부감을 일으키게 한다. 누구라도 바람처럼 스며들고 마음껏 뛰어 놀다가 갈 수 있도록 울타리는 없어도 좋을 터인데 왜 그렇게 꽁꽁 막아놓았을까? 곳곳에 뚫린 개구멍도 볼썽이 사납다. 꼭 그렇게 울타리를 치도록 교정을 엉망으로 만들어 놓은 학교 주변의 고약한 인심에도 죄가 없지는 않을 것이다.

한 해가 지나고 T농고는 내 품으로 선뜻 뛰어 들어왔다. 이제 나는 그 학교로 전근하여 자유로이 드나든다. 큰 도로에서 본관 앞까지의 1㎞ 남짓한 거리, 잘 포장된 진입로. 날마다 드나드는 아이들은 더없이 수수하다. 한국 농업의 미래를 걱정하는 교사들의 발걸음도 가볍다. 길 양편에 어우러진 나무들은 통통한 팔뚝을 내어 흔든다. 거긴 산수유, 개나리, 진달래, 복사꽃, 살구꽃…

무서리로 핀 꽃길이다. 예년에는 꽃을 보러오는 인파가 넘쳐났다고 한다. 꽃대궐 속의 하루는 더없이 화사하고, 소풍을 왔다간 유아들의 기억 속에 오래 남아 있을 것이다. 수업이 끝난 뒤 나는 후원으로 발길을 옮긴다. 봄은 봄대로 좋고 가을은 가을대로 좋다는 생각을 한다. 단풍이 곱게 물든 수목 사이로 모과나무가 우뚝하다. 바람과 술래잡기를 하는 나뭇가지 끝에 달린 대추알도 빨갛다. 점점 진분홍으로 물든 벚꽃나뭇잎을 보고 있으면 또 다른 삶의 변신을 생각하게 한다. 온통 국화로 뒤덮인 후원을 지나면 새로 조성하는 배나무 밭과 대덕산 사이로 가로지르는 오솔길이 나온다. 그 길은 옛날 선비들이 한양에 과거를 보러 오가던 길이며 대구성에 드나들던 민초들의 숱한 애환이 서린 역사의 현장이기도 하다. 일부러 그 길을 느릿느릿 걸어본다. 턱을 긋고 눈을 크게 뜨고 없는 위엄도 부린다.

이렇게 앞이 탁 트인 들판 한가운데 서 있는 학교는 얼마나 희망찬 보금자리일까? 머잖아 고층건물에 둘러싸일지도 모르는 것이 안타깝다. 이 학교도 다른 곳으로 옮겨가지 않을까? 도심지에 자리 잡고 있던 일부 학교가 외곽으로 옮겨가면서 엄청난 개발이익을 챙겼다는 것이 시대상이니까 하는 말이다. 그러나 옮겨온 학교가 또 옮겨가는 비극은 없어야 할 것이다.

만약 내게 땅 백만 평이 공짜로 생긴다면 어떻게 할 것인가? 며칠을 두고 머리를 싸매도 신통찮은 생각들 뿐 묘안은 없다.

그 학교 부지의 수백 배가 넘는 광대한 대평원을, 제 땅은 단 한 평도 없는 주제에 헛된 망상을 하긴, 그만 집어 치워, 면박을 받을 만도 하나 나는 선뜻 포기하지 못한다.

한마디로 줄이면 그 땅 위에 입학시험도, 졸업시험도, 시험이라곤 없는 자연학교를 세우겠다. 먹고 자고 해도 돈을 받지 않는 자연학교는 모든 것이 공짜다. 머물고 싶은 대로 머물며 공부하다가 떠나고 싶을 때 떠나도 좋다. 구차히 생활 속에서 통일된 시간표는 찾아서 무엇하며 타종을 울려서 무엇하랴. 배움의 과정은 각자의 선택과 자율에 맡긴다. 별로 도움이 안 되는 이론을 지양하고 실천을 위주로 하는 배움과 익힘이 중요하다.

배움이 끝나면 재단에서 마련해준 그 집에서 살며 그 땅을 갈아 씨를 뿌린다. 그 사이 입은 도움을 갚을 필요도 없고 건강하게 살아가면 되는 것이다.

농사짓기가 싫어 공장으로 가도 말리지 않고 다른 데에서 일하다가 되돌아와도 물리치지 않는다. 세 번까지는 잘못된 선택을 용서받을 수 있다.

옆자리에 앉은 농업과의 동료에게 물어 보았다. 그대는 공짜로 생긴 백만 평을 어떻게 이용할 것인가? 그는 나보다 실리적이고 의욕적이다. 기업농을 경영하겠다는 의지가 대단하다.

그러나 경제성만을 따지지 말고 원초적인 삶의 차원에서 한 번 더 생각해 보는 것도 의미 없는 일은 아닐 것이다.

나는 아침산책을 나가려고 옷을 챙겨 입는다. 창밖이 밝아오는 것을 바라보면서 끝이 없는 시작을 생각한다. 시작 없는 끝이 없듯이 끝이 없는 시작에 무게를 싣는다.

깊은 밤 홀로 우는 새

어둠은 안개처럼 스며들고 창밖엔 나뭇잎 하나 흔느끼지 않는다.

"아야, 아야, 아. 아. 아야, 나 죽네."

앞 침대에서 앓는다. 아픔도 박자를 맞추어 앓으면 조금 덜한가 보다. 신음소리를 듣고 있는 다른 환자는 꼬박 밤을 지새우고 만다. 신음소리를 조금 줄이라고 그럴 수도 없고 참 난처하다. 잠의 신이 날아와 눈에 똬리를 틀지 않으면 편히 잠을 자지 못할 것이다.

한 병실 안 8개의 병상이 있다. 북쪽의 4개병상은 중증 환자, 그들에 비하여 남쪽은 조금 경한 환자들이다. 잠도 제대로 자고 남쪽의 환자들을 시달리게 하는 일은 없어야지, 그게 환자나 간병인들의 바람이나 제대로 되기 어려운 주문이다.

33년을 이곳저곳 병원을 옮겨 다니는 1급 장애인, 관절염을 앓았고 위암과 대장암 수술을 받았다. 태어나면서부터 병마에 포위되어 한 번도 맑은 날을 볼 수 없었다. 또 폐암 수술을 받아야 할지 어떨지 그의 삶은 난관을 벗어날 길이 막막하다. 간병인은 그의 어머니, 벌써 한 가정을 꾸려도 될 나이의 아들을 업고 끼고 다니면서 병구완에만 매달렸다. 가정을 팽개쳤다. 죽을지 살지 모르는 아들이 밤만 되면 홀로 울부짖는다. 병원비도 수월찮았다. 국가의 지원이 없었으면 벌써 가계는 박살이 났을 것이다. 아들을 살린다거나 병이 낫게 되리라는 기대를 접은 지 오래이다. 6개월마다 병원을 옮겨 다니는 뜨내기, 다만 주어지는 환경에 적응하려고 할 뿐이다. 경제적으로도 궁색했으나 가족들은 이미 분가한 가족으로 치부했다. 장기 치료가 언제 끝날지 죽든지 살든지 양단간에 쉬 결말이 나야 할 것이다. 가냘픈 바람이다.

"엄마! 엄마, 물."

꽥 소리를 지른다. 별로 먹은 것이 없는 것 같은데 웬 기운이 그렇게 남아도는지 목소리만 들으면 환자란 생각이 안 든다. 불가사의한 일이다. 눈을 감으면 송장이나 다름없는데 어디에서 고함이 나오는지 모를 일이다.

같은 줄 맨 끝 창문 쪽에서 으 으 브 브 튜브에 바람 새는 소리가 난다.

"오야, 알았다."

간병인이 환자의 손을 잡고 일어나려는 여인을 제지한다. 그녀도 안 지려고 발악을 했지만 간병인을 이기 못한다.

"어서 물마시고 자."

"으으, 네가 뭔데 이래."

환자도 지지 않고 악다구니를 친다.

"응 이제 물 먹었으니 어서 자아."

환자의 엉덩이를 철썩 때린다. 심상치 않은 징조다.

자궁암 수술을 받고 대장암 수술도 받고 또 하나 덮치어 치매환자가 되었다. 병원을 순회하는 햇수로 10년이 넘었다. 남편에게 이혼당하고 의사표시도 제대로 못한다. 말을 안 하니 이제 발음기관이 완전히 퇴화되어 버렸다. 의료보험으로 치료를 받으면서 부족한 부분은 오뉘가 벌어서 충당하였다. 어머니 때문에 시집, 장가도 못 들고 어머니의 병 뒤치다꺼리에 신음하는 오뉘가 더 가여웠다.

밤은 깊고 병실 앞 오동나무에서 부엉이가 울어대는 소리에 푹 젖었다. 두 환자의 소동에 잠을 깬 환자들도 참 딱하다. 아무 소리 못하고 돌아눕고 만다.

밤은 정말 지옥 같다. 새벽에 조금 눈을 붙일 수 있지만 나머지 환자들은 잠을 설치고 안색이 뿌석뿌석하다. 이상하게 환자들은 낮에는 숨을 죽이고 잠속으로 깊이 빠져들지만 밤에는 거침없이 활개를 친다. 통증이 더 심하다. 중환자나 경환자나 할 것 없이 낮에는 다 같이 천국을 헤매나 밤엔 하나님도 그들을 버려버렸다. 두 사람은 장기 입원환자들이지만 다른 사람은 일주일 정도 머무는 것도 곤혹스럽다. 길어야 열흘이 입원기간이다.

"아아 야 나 같은 것은 귀신도 안 잡아가누. 하나님도 참 무심하시지."

그녀는 훌쩍이다가 곯아떨어져 자고 간병인이 환자의 팔다리를 단단히 끈으로 묶어놓으니 얌전히 있지. 그렇지 않았으면 굴러 떨어지는 소동이 났을 것이다. 그녀들은 병실 사람들을 못살게 굴었다. 환자들에게 염치를 찾는다는 것은 산에 가서 고기를 잡는 일과 같다. 정말 잠이 안 오는 밤은 깊고 길고 언제 헤어나올지 모를 수렁을 헤맨다.

옆자리의 노인이 잠을 깼다. 간병인이 바짝 붙어서 도와주지만 아픔은 허무의 수렁이다. 번듯이 자식도 있고 아내도 있지만 그들은 일체 노인을 돌보지도 간섭하지 않는다. 노인이 자기 재산으로 입원하고 간병인을 부리고 이 병원 저 병원을 떠돌아다니는 방랑환자가 되어도 관심을 두지 않는다. 병실에 부쩍 그런 환자들이 늘어간다. 후견인이 있으나 후견인이 없는 나그네, 이 병원 저 병원을 떠돌아다니는 노인들, 각박하게 표현하면 신종

고려장의 수혜자이다. 요양병원이나 요양원도 마찬가지이다. 병원비나 요양비를 대주는 것으로 가족의 책무를 다한 듯이 말하지만 죽음을 앞둔 이들의 맘은 위로받지 못한다. 왜 그런지 환자와 가족 사이에 정이 흐르지 않고 남을 보듯이 외면한다. 철천지원수처럼 외면하고 만다, 긴 병에 효자가 없다는 말이 기억난다.

병실 앞 오동나무에 가끔 부엉이가 날아와 앉는다. 초저녁이나 새벽에 울어댄다. 도시의 부엉이 울음은 정말 인간의 고독을 달래기엔 너무 끔찍하고 음울하다. 밝은 쪽만을 바라볼 눈은 없을까 그것이 맘대로 될 리가 없지만 그런 맘을 가지는 것이 인간의 고뇌이다. 아직 밤은 덜 깊은데 오동나무에 앉은 부엉이가 깃을 턴다. 부엉부엉.

수제비

아내가 외출하고, 혼자 있는 일요일은 나의 천국이다. 점심준비를 해놓고 간다는 말을 들었어도 나는 서둘러 숟갈로 감자 껍질을 긁고 밀가루를 반죽하고 물을 끓인다.

언제 먹어도 수제비는 식욕을 자극한다. 사촌쯤 되는 칼국수가 있긴 해도 국수를 뽑는 것이 시간을 잡아먹고 고명을 만드는 것이 신경 쓰인다. 그보다는 만들기 쉽고 먹기 좋은 수제비가 더 대중적이다. 칼국수를 만들려면 제법 세련된 솜씨가 있어야 하는데 수제비는 솜씨가 젬병인 나 같은 사람도 얼마든지 빚을 수 있고, 칼칼하고 시원한 수제비 맛은 날 포로로 잡고 놓아주지 않는다.

그런 나를 보고 내용을 잘 모르는 사람들은 핀잔을 준다. 입성이 까다로운 사람은 귀족적이고 먹성이 까다로운 사람은 상스럽다고 하던 말이 생각난다. 비록 내 큰 이름을 얻지 못하고 거만의 부를 쌓지 못해도 애호박을 넣고 끓인 수제비를 먹으면서 그것을 찬양해도 욕될 것은 없다.

뭐니 해도 수제비는 반죽을 잘해야 한다. 너무 물렁해도 안 되고 너무 단단해서도 안 된다. 무르게 반죽하면 끓인 뒤 먹기는 좋으나 손에 잘 붙어서 반죽을 떼어 넣기 힘들다. 커도 작도 않게 반죽을 고르게 비벼야 한다. 반죽을 적당한 크기로 뭉쳐 넣는 것은 한번만 해보면 누구나 선수가 될 수 있다. 멸치 다시를 만드는데도 신경을 써야 한다. 멸치 속은 반드시 발겨내야 한다. 예사로 생각하여 속 따는 일을 잊으면 써서 못 먹는다. 하찮은 것이 잘못되어 큰 것을 망친다는 교훈을 음식 만들기에서 얻을 수 있다.

김이 송송 피어오르는 국물에 동그란 얼굴이 떠오른다. 빙글빙글 웃다간 시무룩해진다.

정말 뜻하지 않은 곳에서 만난 그 사람. 고향에서 뿌리를 못 내리고 손가락질을 받으며 객지로 떠난 그 사람의 성도 이름도 내 기억 속에 아슴푸레하다.

나는 하릴없이 칠성시장을 배회하다가 우연히 그 사람과 마주쳤다. 해는 기울고 허기가 몰려오는데 눈물이 나도록 반가웠다. 아마 그의 눈에 비친 내 몰골은 거리의 천사나 다름없었을 것이다. 부산에서 사업차 대구에 왔다가 사기를 당하고 여관비에 잡혀 오도 가도 못하는 신세였다. 집에 지원을 요청할 형편도 안 되고… 며칠 지나면 나를 그 지경으로 몰아넣은 그 사람이 나타나겠지. 태평할 때가 아니면서도 애써 태평한 척했다.

그는 나를 보자마자 자기 집으로 가자는 것. 나는 무슨 말을 하고 싶은데 입이 안 떨어졌다. 그는 내가 말할 여유도 안 주고 마치 성난 사람처럼 성큼성큼 앞서 걸었다.

그의 집은 꽤 멀었다. 구슬 같은 땀을 주체할 수 없었다. 방에 들어가 앉자 그는 나를 그의 어머니께 소개를 했다. 정말 부끄러웠다. 고향에서 알 만한 사람들은 다 아는 누구네 자손이라는 말로 소개되는 것이 싫었다. 죽은 조상은 그렇다 치고 산 조상의 얼굴에 먹칠하는 것이 괴로웠다. 그는 내 뜻을 깡그리 무시했다. 나는 마지못해 깍듯이 절을 올렸다. 객지에서 얼마나 고생이 되느냐고 나를 위로했다. 나는 눈시울이 붉어졌다.

곧바로 저녁상이 나왔다. 소반에 놓인 것은 수제비 두 그릇, 김치 한 보시기, 냉수 한 그릇 그것이 전부였다. 한 사람이 먹어도 성에 차지 않을 양이었다. 밀을 막 바순 통밀가루로 빚었는지 수제비 빛깔은 검붉고 껄끄러웠다. 두 끼나 걸러서 그런지 입안에 퍼 넣기 바쁘게 잘 넘어갔다.

그도 아무 말 않고 숟갈질만 했다. 아까 말없이 걸어온 까닭이 그제야 짐작됐다. 허기가 져서 말을 하고 싶지 않았다는 것.

내 형색으로 봐서 뭘 먹여 보내야 하겠는데 주머니가 빈 자신이 너무 처량해서 그런 태도를 취한 것 같다.

나는 수제비를 천천히 아껴 먹으면서도 후회가 되었다. 시장거리에서 인사만 교환하고 헤어질 걸 눈치 없이 그를 따라온 것이 부끄러웠다. 서로 곤란한 처지를 드러낸 꼴이 되었다. 세상살이에서 때론 알고서도 숨겨놓아야 서로가 편해지는 일들이 얼마나 많은가.

상을 물린 뒤 그의 어머니가 어디서 묵고 있느냐? 무슨 일로 대구에 왔느냐? 그런 걸 물었다. 어쩌면 잘 곳을 걱정해주는 호의이기도 하고 한편으론 잘 곳도 마땅치 않은데 알아서 하라는 경고이기도 하고 어서 안 가느냐는 재촉이기도 하였다. 하긴 단칸방에 다섯 식구가 거처를 하는 형편을 내가 미루어 짐작하고 얼른 일어나는 것이 도리였다.

아쉬움을 달래며 그 집을 나왔다. 그는 두 번 세 번 잘 가라면서 손을 잡고 말을 못 이었다. 가난하여 제대로 기를 못 펴는 그의 선량한 마음씨가 두고두고 가슴에 불씨로 남았다. 고향에 있을 때 그와 나는 어쩌다 만나면 인사나 나누는 정도였다. 그는 고향에서 기자생활을 했다. 사실 지방기자가 사람대접을 못 받던 시절이었으니 그의 생활이 얼마나 곤궁했겠는가. 그는 기자생활을 그만 집어치우고 도시로 나와 취직을 했다. 그의 사촌이 경영하던 공장에서 일했으나 화재로 공장은 날아가고 놀고 있는 중이었다.

가장 어려울 때 만나 아주 짧은 순간 그와의 우정을 확인하였다.

"어서, 상 놓아라. 끓으면 먹도록 하자."

나는 아이들을 재촉하면서 마지막 남은 반죽을 둥글게 빚어 물이 끓는 솥에 넣었다. 잘못했으면 뜨거운 국물이 튕겨 손등을 데일 뻔하였다, 콧물이라도 빠뜨리지 않을까 조심하였다.

나는 준비된 식탁에 앉아 숟갈로 국물을 떠서 입안에 넣으며 목이 메었다. 수제비 같이 격식이 없고 변변한 옷 한 벌 없이 천둥벌거숭이 같이 이 세상을 떠돌다 먼저 간 친구야! 나는 그때의 수제비를 먹여 준 빚을 갚을 길이 없구나!

소크라테스의 개

아크로폴리스 아고라광장에 수많은 실업자들이 모여들었다. 그들은 점집을 찾지 않고 지성을 찾은 것이다.

"여러분, 소크라테스의 개는 부지런한 가요, 게으른 가요."

"무슨 말씀을… 그렇게 하세요."

소피스트들의 입은 껄쭉하지만 언제나 허리가 잘록한 몸집이다. 소크라테스의 개를 본 적이 없으니 참 곤란한 지시사(指示辭)이다. 무슨 검정이 필요한 것인지 아닌지를 분별하지 못한다. 사람들이 원하고 있는 수염이 수북한 사자상(獅子像), 동물이 왕이 그러하듯이 소크라테스는 지혜의 왕인가. 왕은 왕답게 화려한 수염을 달고 거리를 느릿느릿 거닌다. 그러나 사자는 왕이 아닌 자를 보고 짖지 못한다. 그러니 긴 설명을 할 것 없이 털

북숭이개로 욕먹을 수밖에 다른 방도를 대입해야했다.

소크라테스는 야채와 빵 한 조각을 먹고 집을 나섰다. 늘 입고 다니는 털옷을 소피스트들에게도 입혀야겠는데 그들은 너무 빈곤하다. 참 지혜가 화려하지 않은 것처럼 질적으로 그들은 허기진 빈대와 같다.

개를 데리고 나온 소크라테스가 분수대에 모여 있는 시민들과 토론을 하였다. 묻고 대답하였다.

"선생님! 진리란 무엇입니까?"

"진리가 아닌 것이 진리입니다."

"아닌 것이 진리라 한다면 진리인 것은 어느 것입니까?"

참 알쏭달쏭하다.

컹컹 오수를 즐기고 있던 개가 짖었다.

컹컹 검정 개도 짖었다.

"먼저 짖은 개는 흰둥이란 말입니까?"

"그렇습니다."

"아… 저 놈들이…."

개 한 마리가 고깃덩어리를 물고 도망친다.

다른 개들이 뒤따라간다. 소크라테스가 못 본 사이 모든 개들이 컹컹 짖기 시작한다.

"선생님, 안녕하세요."

어디선가 나타난 플라톤이 참여하였다.

"그래 자넨 점심 먹고 왔나."

"웬걸요, 아침도 못 먹었어요."

플라톤은 청년들을 모아놓고 정중한 목소리로 국가론을 강론하였지만 아무 반응이 없었다. 민중이 무지한 것을 자기의 일처럼 아파하였다.

"잘못 가르친 스승과 잘못 배운 제자들 둘 중에 누가 더 나쁩니까?"

"옳지, 자네의 생각은…."

아무 대답도 못한다. 또 물었다.

저 멀리 동방에 있는 한국에서 아이들 교육문제로 시비가 분분하다는데 초청에 응할 생각은 없는가.

한국에도 유학자들이 많아요. 무슨 망발이야. 퇴계나 율곡, 안향 등이 있는데….

그들은 교육자이기보다 정치가이지요, 벼락 맞은 대추나무 가지일 뿐 토론의 대상은 아닙니다.

플라톤은 소크라테스의 권유를 강력히 뿌리쳤다. 입은 있어도 짖지 못하는 개만 못한 군맹(群盲) 속에 내가 간들 무엇이 달라지겠습니까?

"이놈, 또 궤변이야!"

컹컹 소크라테스의 개가 국가론을 잘못 설파한 플라톤의 주둥아리를 향하여 마구 짖어대었다.

컹컹.

옥타곤의 달빛

한 마리 나비가 되어 경기가 없는 달밤에 옥타곤 안으로 숨어들었다. 더없이 은은하고 종요롭다. 여기저기서 격렬한 흥분과 감동은 마당을 휩쓸고 지나간 태풍이듯 수만 관객이 모였다가 흩어진 자리라곤 상상이 안 된다. 그 많은 사람들이 어떤 감정으로 운집하여 함성을 지르며 웃고 떠들고 손뼉을 치고 눈물을 줄줄 흘리며 억눌리었던 감정을 일시에 날려버렸을까?

사람들은 UFC 이종격투기장에서 모든 감정을 쏟아 붓는다. 무엇 때문에 그런 감정이 활화산처럼 분출하였는가. 그 밑바닥에 무엇이 잠재해 있었는지 관전자에 따라 한마디로 요약하긴 어렵지만 그것은 누적된 스트레스의 발산일 것이다.

우리가 입에 담는 외래어의 빈도수를 헤아려보면 스트레스가 차지하는 비중은 적지 않다. 스트레스는 모든 발병의 원인이 되고 의식구조와 생활 패턴을 바꿔놓는다. 심지어 경제생활에도 적잖은 영향을 미친다. 스트레스의 해소는 그 방법이 다양하지만 가장 공격적이고 충격적인 요법은 UFC의 관전이란 생각을 떨쳐버릴 수 없다. 몸소 해보는 것도 더할 나위 없지만.

옥타곤은 8각형 정글이다. 그 안에서 격렬하게 벌이는 경기를 관전하면 스트레스는 해소된다. 두 사람이 맞서 때리고 맞고 받아치고 사력을 다한다. 하이 킥, 미들 킥, 바디 킥, 로 킥 발길질도 다양하다. 한다하는 권투의 명수도 정통으로 킥을 당하면 맥없이 무너지고 만다. 두 팔로 목을 죄고 아랫도리를 옴짝달싹 못하게 항복을 받아내려는 레슬링도 한몫을 한다. 공격방법으로 주짓수, 킥복싱… 기술도 다양하나 한눈으로 보면 무데뽀(無鐵砲)로 사람을 때려잡아 눕히는 운동이다. 운동이라기보다 원초적인 감정의 폭발이다. 물론 남자의 그것이라든가 치명적인 부분의 가격은 금하고 있을 터이지만 정말 살벌한 것을 눈으로 관전함으로써 스트레스가 말끔히 해소된다고 할지라도 그것은 인간이 지닌 잔인한 본성의 발로는 아닌지 모르겠다.

로마 시대의 원형경기장 안에서 검투사들이 말 여섯 마리가 끄는 전차를 몰고 내달으며 칼을 들고 휘둘러댄다. 차바퀴가 맞물리어 갈리고 피아를 구분하지 못할 정도로 안개가 피어오른다. 분진이 일고 한쪽의 전차가 무너지면 다른 한쪽도 온전치 못하고 땅에 으그러진다. 두 검투사는 땅바닥에서 몇 합이고 칼을 겨누고 후려치고 받는다. 관객들의 환성이 격투의 절정을 향하여 불을 댕겼다. 승자는 마지막 힘을 집중하여 땅바닥에 납작 엎드린 자의 목을 내리 찍는다. 극적인 장면이며 반전의 기회도 주지 않는다. 피를 부르고 승자만 살아남는 게임이다.

안토니오 실바와 마크 헌트의 결투장. 문자 그대로 세기의 대결이다. 도박사들은 승패가 반반이라고 점을 쳤고 투기꾼들은 돈을 걸었다. 그러나 초반엔 어느 한 쪽도 승기를 못 잡은 어슷비슷한 경기였으나 후반으로 가면서 한 쪽으로 기울어졌다. 5분 5회 25분간, 치고받으며 매 5분마다 1분의 휴식이 주어졌다.

싸운다기보다 주먹으로 대화하고 핵 펀치를 날리면서 사랑하였다. 헌트의 무쇠턱은 실바의 핵 펀치에도 무너지지 않았다. 때리고, 때리고 또 때리고 연타를 맞아도 얼굴에 피가 강물처럼 흘러내려도 사정없이 타격을 가하였다. 잠깐 강 펀치를 날리는 승자 편에 들었던 손을 내리고 패자가 되어 보아라. 맞고, 맞고 또 맞고 완전히 녹초가 되어 보면 통쾌한 오르가슴에 도달할 수 있을까? 강자 편에 자기를 내맞기는 것이 아니라 스스로 불을 짊어지고 들어가 산화하는 것이리라. 그래도 스트레스 해소라고 변명을 늘어놓을 수 있을지 얼마나 아픔과 고통이 클까? 헌트는 자서전에서 'born to fight,' 싸우기 위해서 태어난 사람이라고 자신을 규정하였다. 그는 유년시절부터 부모의 물리적 폭력과 정신적인 학대 속에서 성장하였다. 어머니의 비소(비웃음)로 양육되어진 근성이 있는 남자, 그렇게 그는 탁월한 격투기선수로 자리매김하였다고 술회하였다.

이 세상에 맞고 참고 있을 놈이 그리 쉽지 않다고 들었다. 머리끝에 화가 치밀면 맞아죽더라도 사나이의 기백을 드러낸다. 그렇게 겁먹은 얼굴로 세상을 보지마라. '서로가 서로를 배려하기 때문에 진짜로 세게 맞는 일은 없어요.' 그런 멘트를 주었는지 몰라도 우연히 채널을 돌리다가 UFC의 중계방송에 한여름 밤을 설치었다. 잠을 자면서 맞고 때리는 환상에 빠져 시간이 가는 줄 몰랐다. 그들 승자 앞에는 엄청난 화폐더미가 기다린다. 체급에 따라 개런티가 다르겠지만 이왕이면 헤비급이 좋겠지. 이 짜증스런 여름날 어느 나라의 정치판 같은 화면에 등장하는 무법자들의 모습을 보는 것이 구역질난다. 그럴 때 이종격투기를 관전하는 것이 훨씬 경쾌하지 않을까? 애국심이라곤 손톱만큼도 없는 그들을 인정사정없이 패주고 때리고 무한정 그러고 싶다. 소나기라도 한줄기 내렸으면 정말 시원하겠다. 말과 상상으로 그런 감정을 이해하긴 어렵다. 때리는 것을 멈추고 맞아보아라. 쇠뭉치 같은 걸로 맞아보면 불여일견(不如一見)이란 성어가 입에서 튀어나올 것이다.

한때 퍽치기라는 범죄가 유행하였다. 남을 때리는 목적이 돈에 있었지만 그런 인간들은 너무 졸렬하고 비열하다. 좀 근사한 일에 공격의 화살을 겨누어야 할 것이다. 여유를 가지고 유유히 싸움을 관전하는 것이 체중조절에도 도움이 되고 신명이 날것이다.

한 대 맞고 또 맞고 수없이 맞고 맞아서 분노하는 맘보다 그것을 시원해하는 사람이 있는 가하면 자신이 상대방을 때리고 때려도 기분이 상쾌해지지 않고 한없이 바닥으로 추락하는 사람의 감정도 있을 것이다. 이 두 개의 상반된 감정을 믹스하여 다른 길을 열어볼 맘은 없는가. 관객들이 뿔뿔이 흩어져간 빈 경기장에 달빛이 이리저리 티끌을 몰고 다니며 홧홧 대성일갈(大聲一喝)한다. 허공을 향한 인간의 호쾌한 정감인가 간지함을 넘어서는 폭소인가 알지 못할레라.

장닭 각하께 올립니다

각하! 각하를 뵈올 적마다 존경하는 맘 금할 수 없습니다. 어찌나 이 못난 사내의 마음을 흔들어놓는지 가늠하기 어렵습니다.

각하는 새벽마다 수많은 귀부인들을 모시고 산행을 하십니다.

새벽 4시경 망월산 등산로에 졸고 있는 외등에 불이 들어옵니다. 불빛을 따라서 산속을 거니는 대여섯 사람은 고정멤버지요. 그녀들을 알뜰히 보살피는 각하가 부럽습니다. 만나면 멋대로 지껄이는 말들을 귀담아 들으시고 빙그레 웃음으루 응대합니다. 못마땅한 언사가 있어도 바람에 눕는 밀꽃처럼 귀를 열어둡니다. 그녀들의 귀여운 맘을 상하지 않게 안아줘야 무정함을 달랠 수 있겠지요. 그래서인지 각하의 휴대폰에는 그녀들의 이름과 전화번호가 꼼꼼히 적혀 있습니다. 생일도 적어 놓았습니다. 그날이 되면 잊지 않고 축하의 노래를 들려줍니다. 지극 정성이지요. 자기 신부도 아닌데 성의를 다하는 걸보면 친구 그 이상입니다. 어떤 친구가 그렇게 다정다감할까요.

웬만히 폭우가 쏟아지지 않으면 아침 모임은 계속됩니다. 수다스러울 정도로 많은 정보를 수용하고 정이 묻은 시간을 보내는 매력이 넘쳐나는가 봅니다. 산중턱에 자리 잡은 체육장에서 시동을 겁니다. 훌라후프의 허리돌리기를 시작으로 하는 운동이 열 가지가 넘고 빠짐없이 돌아가면서 합니다. 땀을 푹 빼어놓을 정도의 힘든 운동, 아침마다 규칙적으로 하니 그렇게 큰 힘은 아니 드는가 봅니다. 그녀들은 무엇이 그렇게 할 말이 많은지 연방 웃고 떠들고 참으로 재미가 흘러넘치는 시간입니다. 먼저 운동이 끝나도 각하는 그 자리를 떠나지 않습니다. 그녀들이 운동을 마칠 때까지 기다려 줍니다. 대단한 인내심을 발휘하지요. 웬만하면 한번쯤 자리를 털고 일어날 법도 하지만 아니 지루해서 먼저 출발할 수도 있지만 마지막 한 사람이 끝날 때까지 기다려줍니다. 모든 회원이 운동을 마치고 나면 올 때처럼 줄을 지어서 하산을 합니다.

고속도로가 지나가는 초입에 있는 길찻집으로 들어갑니다. 그냥 헤어지기 아쉽습니다. 아, 만나는 아침의 시간이 너무 짧습니다. 이미 가사에서 해방된 사람들이지만 그래도 조금은 신경이 쓰일 만도 한데 전혀 무관심합니다. 헤어지기 싫어합니다. 내일 아침 또 만날 터인데 지는 진달래 꽃잎을 보듯이 아쉬워 합니다. 길을 떠나는 철새처럼 다정하면서도 홀가분한 뒷모습입니다.

한길을 걸을 때는 두 줄을 지어갑니다. 마치 시골의 초등학생처럼 대열이 흩어지지 않습니다. 그냥 각자의 집으로 발길을 향하기엔 뒤가 돌아다 보이는가 봅니다. 뭔가 허전함을 달래야 하는 끈끈함이 있습니다. '길찻집'은 허술한 움막 같이 보여도 안은 환하고 안온합니다. 대여섯 개의 낡은 소파가 이들을 반갑게 맞이합니다. 땀을 흠뻑 흘리고 나서 마시는 한 잔의 커피, 향이 콧속으로 솔솔 구물거리며 들어옵니다.

찻값은 일주일에 한 번 꼴로 돌아가며 냅니다. 한 잔에 천원, 크게 부담이 되지 않습니다. 이 모임의 회장 역할을 하는 각하가 도맡아내려고 하지만 그녀들은 그것을 허용하지 않습니다. 작은 것이라도 나눠야 하고 정은 정으로 주고받아야 한다는 것입니다.

한 달에 한번 꼴로 먼 곳으로 산행을 갑니다. 각하는 잊지 않고 간식거리를 넉넉하게 준비해 와서 귀부인들을 즐겁게 해줍니다. 배려와 성성이 남다릅니다. 우리 집 바람둥이와는 비교가 안 됩니다.

각하는 온 동네의 늙은 암탉들을 끌고 다니며 자기 목소리를 뽐냅니다. 봉사와 희생을 할 줄 모르고 마음에 맞지 않으면 부리를 꼭꼭 쪼아댑니다. 못생기고 비리 먹은 약자에 대한 배려가 부족합니다. 혹시 애정의 결핍이라고 표현할지 모르나 결코 그렇지 않습니다. 깃을 세우고 바람을 일으키면 무섭습니다. 수리가 공중에 떴을 때는 대청마루 밑으로 부엌으로 헛간으로 도망칩니다. 몸뚱이는 다 내놓고 머리를 처박은 꼴은 정말 가관입니다. 왜 그렇게 무력한가요. 그럴 때 앞장서서 짖어대는 강아지가 부럽습니다.

어서, 어디로 피난을 가자고 꼬리를 사리며 도망치는 모습은 약자의 강자에 대한 발악 같은 느낌이 듭니다. 아무튼 전쟁은 끝나고 긴장과 전율은 사라졌습니다.

각하의 그런 모습을 보면서 각하는 아마도 일부다처제(一夫多妻制)의 신봉자가 아닌가 하는 생각이 듭니다. 다섯 마리가 넘는 암탉들과 정신적 교감을 하느라고 무투(舞鬪)하느라고 볏에 피가 마를 날이 없습니다. 투쟁본능의 상징, 먹이와 외적으로부터의 공격을 방어해내야 한다는 의식이 투철한가 봅니다.

그러나 아침시간에 각하의 모습을 보면서 평화주의자가 여기도 한 사람 있구나! 그런 생각으로 바뀝니다. 그런 포용력의 근원이 어디서 나오는가. 예사롭지 않은 인간성의 원천이라고 믿습니다. 따뜻하고 훈훈함은 항상 남을 나보다 먼저 마음으로 섬겨야 합니다. 하긴 어떤 이가 귀띔해줘서 알게 되었어요. 젊어서 각하는 본부인의 속을 꽤나 썩인 호색한이라고 들었어요.

지금 우리나라는 OECD국가 중 출산율이 최하위라는 보도입니다. 종족 보존을 위하여 국가의 미래를 위하여 다산정책을 써야 할 때라고 생각합니다. 거창하게 말할 것 없이 여성이 존중받는 사회가 되어야 그 문제를 풀어가는 일이 가능하지 않을까요.

아침에 산을 오르는데 입을 꾹 닫고 있는 사람이 있습니다. 뭣에 놀라듯 속상하는 일이라도 있는지 모르나 그것은 아닙니다. 낯선 사람이라도 만나면 정답게 인사하고 밝게 웃고 이야기하고 그런 것이 필요합니다. 그렇습니다. 각하는 어떻게 생각하시는 지요

그렇게 하려고 노력을 기울이는 것을 눈에 띄게 볼 수 있습니다. 일행 중에 남정네가 없는 여인이 없는 게 신통합니다. 여자가 남자 같고 남자가 여자 같아집니다. 늙으면 그렇게 되나보지요. 그것은 남녀 성별이 구분되지 않는 시대가 온다는 전설일까요.

각하는 언제 양위를 할 생각인지 궁금합니다. 각하는 권력구조를 개편하려 한다고 들었습니다. 민주공화제를 선호합니까? 전제군주제가 더 효율적이라는데 한번 그것을 고려하고 검토한 적이 있습니까? 오늘아침은 그런 말씀을 들려주었으면 합니다. 배부르고 등따신 것을 원하는 백성들은 사리사욕에 광분하는 자들이 나라를 어지럽히는 야심가들의 나라가 아니란 것을 기

억합니다. 자유와 평등도 지나치면 국력의 퇴화를 가져옵니다.

이제 각자 제 갈 길이 눈앞에 열렸습니다. 한길을 건너면 되는데 헤어지기 싫어 울상입니다.

전쟁터로 나가는 초년병처럼 보무당당하지 않습니다. 그러나 내일 아침도 꽃은 피어 우리를 반가이 맞아줄 것입니다.

장닭 각하! 길조심하시고 살펴가세요. 안녕. 안녕.

절제에 대하여

때때로 흠칫 놀란다. 무슨 생각을 하며, 옮긴 행동은 어떤가. 말짱한 옷을 버리고 새 옷으로 갈아입으며 한 끼 덜 먹어도 될 것을 챙겨먹고 씩씩거린다. 침대에서 잠을 자면서 옷을 껴입고 추위를 참아 넘길 만한데 전기장판의 코드를 켠다. 코앞거리에도 자동차 엔진을 가동한다. 슈퍼에는 상품들이 산더미처럼 진열되어 있다. 굳이 장을 보러갈 필요가 없다. 손 안의 스마트폰에게 명령하면 입맛대로 배달되고 무료게임을 즐길 수 있고 이성과의 은밀한 만남도 쉽게 이루어진다. 주머니가 비면 수백만 원을 입금계좌로 송금 받을 수 있고, 먼 외국에서 스파게티를 배달해 먹을 수 있다. 무정란이라도 접을 붙이면 수정할 수 있다. 과학기술의 발달은 인간을 신판 노예로 만들어놓았다. 노예가 인간이 아닌 것은 틀림이 없고 인간은 노예의 지배를 두려워하면서 출구를 만들어놓고 또 자기모순에서 헤어 나오지 못하고 있다. 이런 논리적 유희를 즐기는 것은 골치 아픈 일이다. 그런 생각일랑 던져버리는 것이 행복하게 사는 길이다. 하지만 부족함 없는 세상, 풍요 속에 자기 상실의 기쁨을 맛본다. 이것이 사람답게 산다는 생각을 물들게 한다. 이 세상은 살만하다고. 자기에게는 아무 해당사항 없는 호화판 식탁준비를 하면서 포만감을 느낀다.

그러나 많은 것들은 없는 것과 같다. 사람은 본디 아무것도 갖지 않고 태어났다. 모두가 빌려 받은 것들이다. 우리들에게 그것을 준 주체가 조상이라 해도 좋고 조물주라고 해도 좋다. 누구의 것이든 이 세상에 살면서 잠시 수탁을 받은 것들인데 그것을 소유하려고 아등바등한다. 정당한 방법으로 얻고자하는 바를 얻지 못하면 거짓으로 손에 넣으려한다. 끊임없는 욕구와 유혹 속에 자신의 실체가 무엇인가를 모르고 살아간다. 대개 알고도 모른 체 쉽게 잊으려 한다.

유혹, 정말 내면적 자기와 외면적 자기와의 충돌을 기피하려는가.

오디세우스의 밧줄을 단단히 잡아라. 얼마나 탄력 있는 저항인가. 지중해 연안의 사이렌(바다의 요정)은 계속적으로 매혹적인 노래를 부르고 그 음악에 홀린 선원들은 물속에 풍덩 뛰어들어

죽는다. 오디세우스는 사이렌의 강한 유혹을 물리치기 위하여 그는 자기 몸을 밧줄로 돛대에 묶으라고 했고 선원들에게는 그 매혹적인 음악을 못 듣게 귀를 밀랍으로 봉하라는 명령을 내렸다. 다행히 오디세우스와 선원들은 아무 재난 없이 그곳을 통과하였다.

그것들은 무엇인가. 자기를 살찌우고 입맛을 돋군다. 많을수록 좋다고 탐욕을 부린다. 꼭 그것이 최량의 것이 되는가. 없어도 있는 듯이 최저를 택하면 유족한데 그렇지 못하여 일시에 패망을 자초한다. 현실에서 물질이 차지하는 비중이 워낙 크고 그것이 충족되지 못하는 장애에 부딪친다. 각종 중독과 비만, 신용불량자로 전락하는 등 사람들은 쉽게 유혹에 굴복하고 터무니없는 욕구를 가지고 부도의 세상에 처한 자신을 망각한다.

마구 먹어서 뚱뚱해지고 마구 뒹굴어서 더렵혀진 자아를 청결할 줄 모르는 고통, 온갖 병주머니를 달고 사는 불안, 살을 빼려고 노력하는 모습을 보면 상실감을 공유하게 된다. 군살을 덜어보려고 들이는 시간과 노력, 금전적 손실을 감당하지 못한다. 성장기부터 잘못 배웠다는 것을 가늠할 수 있다. 우리는 지나치게 불필요한 경쟁에 집착한다. 먹기 놀이에서 먹는 것이 남는다는 공짜 심리에 길들여졌다. 물도 살찐다는 말에 공감해야 할 것이다. 싫은 것은 싫은 것이지 싫은 것을 좋다고 억지를 부리면 스트레스를 받는다. 현대인은 수많은 욕구와 유혹을 떨치지 못한데서 빚어지는 소비 패턴의 삶에 익숙해졌다.

그런 환난 속을 벗어나 건강한 삶을 살며 손가락질을 받지 않으려면 절제라는 낯설지 않은 것과 친화력을 발휘해야 공복감에서 해방될 수 있을 것이다. 자기의 본성에서 벗어나는 망발을 접어야 할 것이다. 그것은 자기와의 약속이다. 절대로 많이 가졌다고 해서 풍요로워지는 것도 아니다. 되레 분외의 것을 지키려는 노력과 시간. 경계심과 남을 의심하는 불안에 자기마멸을 부추긴다. 넘치는 것을 함부로 써서 안 된다. 제 소유가 아니라 일시적으로 신의 부탁을 받은 것이다. 온전히 보호하여 다음 세대에 넘겨달라는 주문이다. 이 말은 추잡한 상속이 아니라 선양을 뜻한다. 지위가 높다고 해서 칼을 함부로 휘두르면 자기 칼에 자기가 베이는 수가 있다. 자기에게 필요한 것만큼 쓰고 다른 이에게 양도해야 한다, 부당한 소유는 하늘을 배반하는 것이다. 절대권위에 도전하는 것이다. 내 것도 내 것이 아니라는 겸양이나 겸손이 중요하다. 거기서 절제라는 것이 생성된다.

물질적 유혹이나 정신적 사치가 우리에게 얼마나 무서운 독배인가.

플라톤의 중우정 사상과도 일맥상통한다. 국가에서 군주정, 귀족적, 민주정이 각각 참주정 ,과두정, 중우정으로 타락할 수 있다는 것이다. 이 3개의 정치체제를 혼합해서 서로 견제하도록 하는 제 4의 정부체제를 수립해야 한다는 것이다. 정치에도 고도의 정치적 절제가 필요하다는 것, 민주의정에서 절제에 반하면 혼돈과 무질서가 야기되는 것이다. 하물며 개인에 있어서는 더할 나위 없이 절제를 동반해야 번영과 발전을 추구할 수 있다.

무분별한 욕구를 내 안에서 추방하기 위하여 처절한 성찰과 행동을 통해서 실현되어야 한다. 그것을 달리 자제력이라는 말로 바꿀 수 있다. 자제력은 개인의 부와 교육수준에 비례하므로 소득의 균형을 바로 잡고 가르침을 두터이 해야 한다. 금연, 다이어트에 번번이 실패하는 사람들에게 책임의 일부를 사회에 돌릴 수 있다는 것이 합목적이다. 물론 스스로의 자유의지도 그만큼 정돈되어야 하겠지만 그것은 풍요한 사회의 모퉁이에 잔존하는 빈곤 같은 것이다.

유혹과 욕구를 떨치고 최소한 인간으로서의 구실을 하려면 절제를 해야 산다. 어떻게 절제하는가. 자기를 유혹과 규제에서 과감히 방면을 시도해야 하는 것이다. 싫은 것도 싫어하지 않는다. 좋은 것도 좋아하지 않는다. 두루뭉수리로 사물과 인간에 대한 빛바랜 지혜는 또 다른 화를 부른다. 박제된 도덕으로 인간을 묶으려는 너는 뭐냐? 묻는다면 '목석(木石)이다'라고. 피도 열기도 통하지 않는 목석 , 목식은 말을 하지도 듣지도 못하나 인간의 뜻대로 되지 않는 것이다. 그래서 생각은 광범위하나 행동은 단순하게 하는 것이 절제를 수반하는 길임을 알아야 하고 인생의 도정표 위에 동그라미를 그려서 넣고 앞만 바라보고 나가야 한다. 행복한 무지여! 언제나 절제를 배신한 성급한 처신을 멀리해야지. 안 그러한가, 목석이여! 너는 너와의 굳은 언약을 죽을 때까지 지킬 수 있는가. 다시 한 번 맹세하라.

딱따구리

네 여인이 잰걸음으로 산에 오른다. 새벽 공기가 맑고 눈이 싱그럽다. 맨 앞에 가는 딱따구리는 무슨 사연이 그렇게 많은지 줄줄이 꾀어낸다. 땅에 흘린 것들을 주워 담을 사이도 없이 과거, 현재, 미래의 시간들이 엇바뀌며 도르르 굴러간다. 너무나 상식적이고 사람 냄이 진하게 풍기는 얘기들, 발자국 떼어놓을 적마다 수다스럽기도 하고 암팡스럽기도 하다. 강철 같은 목소리가 산을 때리는지 뒤따르는 매미가 애 경기 들겠다고 핀잔이다. 그녀의 풋풋한 얘기는 정해진 장소보다 정해지지 않은 장소에서 더 기운을 받는다. 오늘 농협에 가서 양파 한 망 샀는데 씨알이 굵고, 썰어서 지를 담그려는데 눈이 따가워 눈물을 줄줄 흘렸다. 지난 목요시장에서 산 것보다 더 토실토실한 것 같으니 양파를 고르려면 농협연쇄점이 좋고, 아파트 게시판에 강경으로 젓갈투어를 간다는 방이 나붙었다. 갈지 말지 의문이다. 아직 제철이 아닌데 김장을 담그려면 한 달도 넘게 남았다. 어디다 보관할지 그것도 걱정이라고, 작년에는 턱없이 배추값이 비쌌는데 올해는 안정이 되려는지 농림부나리들의 뺨을 때리고도 남을 물가 보는 눈이 그렇게 둔감해서야 어쩌누. 숨도 가쁘지 않은지, 거기서 날다람쥐에게 이야기바통을 넘길 만도 한데 그러지 않고 산모롱이를 돌아가서 풀어놓는 얘기가 더 집지다. 6·25때는 보리밥은 고사하고 나물죽으로 연명했는데 들판에 흔하디흔한 돌나물도 눈에 안 띄더라고. 젖을 제대로 못 먹은 큰딸애는 짝귀라고, 한 달이 지나면 딸아이 산후 조리하러 서울나들이를 해야 한다고, 태어날 손자는 이목구비가 반듯해야지, 아무래도 산모는 먹성이 실해야 새끼도 튼실하고, 20년 뒤 미스코리아에 나갈 큰손녀는 방긋방긋 웃는 모습이 제 어미를 꼭 빼닮았다. 하모 하모, 그렇지 자네 인물이 보통 인물이 아니라카이 그런 말 할 만하지. 매미가 한마디 거든다. 내 말이 틀렸다면 청포장시가 울고 갈 거야. 난 그때 울 어매가 아이 낳고 산후 구완이 시원찮아서 인물이 못생겼다고 얼매나 구박을 받았는지 모른다. 암만 지금 생각해도 눈물이 나고 미역귀다리만 보면 먹고 싶어 환장한단다.

그런 걱정마라, 성아, 다람쥐가 추임새를 넣는다. 꽁지 빠진

아낙이 뒤돌아보며 올해는 대풍이라. 그런 걱정 왜 하니. 풍년이 들어도 가난뱅이는 가난 걱정을 못 면한다고, 또 허튼소리를 하는구먼. 니 가난한 사람의 세정을 몰라서 그런 소리 하나. 무곡 한 섬에 칠푼 오리를 한다 해도 오리가 없어 못 사먹는 게야. 화두를 넘겨받은 딱따구리는 더 강렬하게 대시한다. 그녀의 독창은 처음보다 꽁지가 열 닷 발 더 빠졌다. 혀를 그렇게 굴리니 한 끼에 밥 한 그릇으론 셈이 차지 않을 것이다. 나도 쬐끔 생각해 줘야지. 그러면 쓰나.

이웃 간의 이해심이 너무 없으면 안면 몰수가 아닌가. 위층 김 씨네 손자들이 오면 쿵쿵 대어 아래층의 항의가 빗발친다. 그래도 살살 달래는 수밖에 양해할 만한 일을 따지고 들 때는 어떡해. 할 말을 잃는다. 어떻게 눈을 뜨자마자 시작한 걱정이 잠들 때까지 이어져 사는 맛도 재미도 없다. 이웃사촌이 아니라 이웃원수이니라. 이웃과 다툰 일들이 거기서 끝나지 않고 꿈속을 파고든다. 날개를 펼치고 비상한다. 그래봤자 돌아서면 뚝배기 웃음으로 일그러진다. 그렇게 순하게 살아온 백성들인데 이제는 아이 싸움이 어른 싸움이 되어 살기가 등등하다.

그녀들이 쉼 없이 쏟아내는 언어는 되돌려 놓을 수 없는 젊은 날의 꿈이요, 피 터지게 싸운 삶의 흔적이다. 입을 한 시도 놀리지 않으면 입안에서 구린내가 진동하여 살맛이 안 난다. 되든 안 되든 그런 것이 무슨 상관이냐. 남이야 속치마를 입든 안 입든 이 야밤의 행보에 누가 본다고 조신할 일이 있는가. 시원하고 헐렁한 것을 줄줄이 묶고 조이고 맘 쓸 일을 만들지 않았으면 꼭뒤가 고와 보인다 하지. 내 허물 네 허물 가리지 말고 탓하지 마라. 시원하게 아랫배에 힘을 주고 쏟아라. 그것이 배설이요 삶의 전기(轉機)인기라.

소나무와 잡목사이에서 탁탁, 딱따그르르 나무껍질 속에 청진기를 꽂고 진단하는 소리가 귀를 휘어잡는다. 부리를 깊이 박고 벌레를 집어내는 동작이 민첩하다. 첫새벽의 신선한 공기 속에서 먹이를 찾아내려고 온힘을 쏟는다. 굴절된 음향 속에 고요와 작은 소란이 혼재하는 걸음마다 우리의 삶의 잔재를 햇볕에 널어 말린다. 진달래 꽃 고운 빛깔이 이른 아침에 빛난다. 더러 낮에 정적을 베물어 놓기도 하지만 그것은 분외의 축복이다. 행복을 맞이하는 일은 쉽지 않다. 그냥 있으면 2등이라도 하지 1등을 하려고 빡빡 악을 쓰는 인간들의 저 처절한 혈투를 조금 누그러뜨릴 수는 없는지 자작나무에게 물어 본다. 대답이 없다. 하얀 치아를 드러내며 싱긋 웃는다. 우리들의 세월은 딱따구리의 청진기 속에 해가 뜨고 날이 저문다. 아니 실속 없는 여인들의 수다 속에 고운 삶이 피어난다.

고개를 향하여

장날 보퉁이를 이고 50리 길을 쉼 없이 부지런히 걸었다. 고갯길엔 상승이 있고 하강이 있다. 가까스로 오른 정상에서 내달려 하강을 지나가면 평지가 나온다. 그것이 보통의 인생길이지만 평지보다 고갯길이 훨씬 다채롭고 볼륨감이 있다. 그러나 고난과 눈물이 한없이 흘러내린다. 상동고개에서 장신내로 득달같이 내려와 짐을 바위에 내려놓고 냇물에 발을 담그고 목물을 끼얹고 그러고 나면 안도의 숨이 절로 나온다. 누가 숨어서 훔쳐볼까 겁내지 않아도 된다. 자연은 사람들처럼 염탐하거나 투기하지 않는다.

이제 자리를 뜰 때가 되었다. 다시 고개를 치올라간다. 길과 길이 마주치는 어딘가에 앉아서 도란도란 얘기를 나눈다. 드디어 대망하던 정상이다. 땀을 씻으며 시야를 넓혀 본다. 오던 길을 더듬어보는 회상이 있고 성찰이 있다. 거기서는 이기고 지는 자리를 마련하지 않는다. 잘잘못을 따지지도 않는다. 있는 힘을 다해서 올라온 것이지 결과에 대한 자책은 없다. 누구는 잘 살았네, 누구는 잘못 살았네 하고 인간의 눈에 비치는 식별이나 평가는 무의미하다. 신이 인간에게 주는 간절한 뜻은 미망(迷妄)에 사로잡히거나 분별없이 허둥대지 말라는 것이다.

고개에서 한참 쉬었으니 쏜살같이 내리막길로 접어든다. 평지가 눈앞에 열릴 때까지는 거저먹기이다. 내리막길은 반 힘도 안 든다. 그렇게 달려왔으니 이제는 평상으로 돌아와도 아쉬울 것이 없다. 남의 힘을 빌리지 않고도 자력으로 인생길을 쉬엄쉬엄 걸어갈 만하다.

외진 장터에 좌판을 깔고 이고지고 온 것을 펼쳐놓는다. 사람들은 그 앞을 지나다니며 무관심한 듯 값을 물어본다. 너무 팍팍하게 내 생각만을 고집하지 않는다. 내 집에서 내 손으로 가꾸어 얻은 것들이니 한발 물러나 돌아갈 길이 늦지 않도록 손쉽게 물건을 털어버린다. 싸가지고 온 주먹밥 한 덩이를 먹고 물을 마신다. 해가 중천을 넘어 서천으로 기울고 있다. 갈 때는 올 때 친정에 들러 부모님의 얼굴을 뵈려고 했으나 그것도 여의치 않다. 동무들은 벌써 길을 떠났다. 남겨온 것을 친정 동네 사람을 만나 인편에 부치고 걸음을 재촉한다. 이번 장에 못 만났으니 다음 장날에 만나면 되겠지, 마음은 태평이다. 왜 그렇게 분주하고 분수없이 설쳐댔는지? 생각 없이 바쁘고 생각 없이 모든 걸 비우고 살았다.

그러나 이제는 상승과 하강의 길을 오르내리는 것이 힘들지 않다. 낭만도 서정도 제 빛을 잃었다. 산봉우리는 마멸되고 고개는 낮아졌다. 더러는 형체도 없이 사라졌다. 기계의 힘으로 깔아뭉개고 다리를 놓았다. 물이 흐르지 않은 다리위로 화물차가 씽씽 달린다. 속도와 편의에 밀려 우리 삶의 대부분은 변화되었으나 사람이 사는 것 같이 사는 게 어떤 것인지 모르고 살아온 것이 아쉽기 만하다. 역시 인간의 내면도 외면 못지않게 인간다워야 하느니라. 화려하지 않고 수수하지만 번쩍번쩍 불빛이 돌아가며 산골사람들이 원하건 원하지 않건 간에 외부의 침투와 공략에 적잖은 것을 잃어버렸다. 체험이란 허울이 그득하다. 사람들의 발길이 너무 잦다. 관광이란 것도 그렇다. 속내를 활짝 벗어버리고 돈을 중하게 받아들인다. 풍성하게 사는 것이 싫을 리 없지만 세계의 곳곳에 제대로 남아있는 것이 없다. 만년설이 녹고 빙하가 물바다로 변모하였다. 꼭 그렇지만 않지만은 인간이 어느 한곳으로 치우치면 안 될 것이다. 급격한 변화도 좋지만 순수의 보존도 나쁠 것 없다. 인간이 예측할 수는 없지만 발가벗은 몸으로 재앙을 막을 수 없지 않은가.

고개를 숨 가쁘게 오르내리던 사람들의 인생길이 눈앞에 활짝 열려 있다. 고개를 모르는 인생 속에는 환희도 열락도 없다. 어찌 고개를 모르는 사람들이 인간의 진솔한 삶을 알겠는가. 하긴 요즘 사람들은 풍족하고 넉넉한 생활에 심취해 있다. 생활의 고비를 모르면서 네팔의 트레킹 코스에 더 매료된다. 돈과 쉽게 바꿀 수 있는 것에 푹 빠져 허덕인다. 매체들도 그런 것들을 귀한 것인 양 부추긴다. 매양 봐도 그렇다. 인간미가 풍기는 구석이 낯설기만 하다.

상승과 하강의 구분이 잘 안 되는 고개머리에서 굽은 허리를 펴고 하늘을 본다. 깊은 숨을 토한다. 이제 낮아진 고개, 없어진 고개를 향하여 두 손을 모은다. 누가 볼까 가슴을 죄며 무작정 절을 한다. 무슨 의미가 있어서 소리를 지른 것은 아니다. 큰 바위에 얹어놓은 돌멩이가 땅에 떨어지며 소리를 낸 것이다. 지나가는 바람소리이다. 솔깃하게 듣고 있으면 그것뿐 만 아니다. 고개 아래로 쓸려가 냇바닥에 머리를 부딪치고 되돌아오는 바람을 깊이 끌어안으며 종종거리며, 쉽지 않게 넘어온 인생의 고개를 눈앞에 펼쳐 보인다. 곳곳에 없어진 고갯마루에 잠들 듯 누워서 몸뚱이를 데굴데굴 굴리어 봐도 무심하기 그지없다. 멀찍이 저녁노을 속에 초록별이 빛난다.

3.

거둘게 없어도 좋아라

걸어 다니는 전람회

변함없는 일상은 따분하다. 매일 먹는 밥도 싫증이 나듯이, 어떤 생활의 변화와 굴곡이 있었으면 하는 바람이다. 때로는 별미나 별식을 한번 먹어봤으면 하는 가상 심리이다. 강물이 민민하게 흐르면 물소리가 들리지 않는다. 강바닥에 자갈과 모래 같은 것이 깔려 있어야 거센 물살이 쐐쐐 우는 소리도 음악처럼 들려온다. 그것을 들으면 생기가 넘쳐난다. 순간이나마 침침하고 끈적끈적한 것을 잊을 수 있다. 그 소리는 영속적인 것이 아니고 간헐적이다. 폐부에서 절로 흘러나오는 그런 것을 만들어내고 깔깔대는 그가 한없이 부럽다.

어찌 보면 그는 생김생김이 유머러스하달까. 껑충한 긴 얼굴의 눈알이 부리부리하다. 비탈진 등산길에서 만나면 얼른 소나무 뒤로 숨는다. 금방 까꿍 하고 얼굴을 내민다. 실실 미소를 흘리고 지나간다. 솔밭에 심어놓은 호박을 누군가 도둑질해 갔다고 대성통곡을 했다. 작년엔 산삼을 훔쳐가도 그렇게 섧지 않았는데 올해 농사는 이 무슨 망조가 들었냐고. 그가 보여준 것은 푸나무 사이에 옮겨 심어놓은 호박모종이 시들시들 졸고 있었다. 오늘 아침은 유력 여류 정치인에게 초청편지를 쓰다가 너무 바쁜 나머지 팬티를 흘리고 나왔노라고, 수다를 떨며 깡동거렸다. 여의도 화랑에서 개최하는 미술전람회에 초청한 그분이 오실는지 모르겠다고, 뻥인 줄 알면서 속아 주는 재미도 수월찮다.

화가인 그가 교회장로라니 아무래도 어울리지 않는다. 기행과 기태가 속출하였다. 포복절도는 안 되어도 경풍을 일으키게 한다. 저만치서 풍경화 한 폭이 걸어온다. 이마에 구멍을 파낸 오징어를 붙이고 '함 사시오.' 외쳐대는 함잡이처럼 10호 크기의 그림이 그의 얼굴에 걸려있어서 행인들의 시선을 끌었다. 산, 들, 시장구경, 그런 그림들이 날마다 제목을 바꿔가며 걸어 다니었다. 마치 미술 전람회장을 둘러보고 있는 것 같았다. 행인들은 박수를 쳐주었지만 속맘으로 그가 돈 사람은 아닌가. 매번 그를 만날 때 그의 표정은 정중과 엄숙과는 거리가 멀었다. 나이가 40을 넘겼는데 아직 개구쟁이티를 못 벗어났다. 이상야릇한 웃음을 흘리게 한다. 그가 의도적으로 사람들을 즐겁게 하려고 그런 행동을 하는지 몰라도 정상과는 조금 멀다.

속빈 강정같이 흔들리는 이가 있었다. 중학교 교장이라는 직함이 없었으면 그는 날라리나 다름없었다. 이웃 초등학교 졸업식에 초빙되어 갔다.

관내 기관장들이 조례단 옆으로 나란히 앉아서 위엄과 호기를 부리었다. 학생들이 선 자리에서 발장난을 하는 것도 의식 못하고 지루한 축사가 줄줄이 길게 엮여졌다. 교사들도 학생들의 소란을 제지하지 않고 돌아서서 입을 가리고 하품을 죽인다.

또 누가 연단에 올라가려는지 무슨 말씀을 엮어내려는지 호기심보다 어서 끝났으면 하는 눈빛이었다. 의외로 담담하게 단상에 올라선 중학교 교장은 아무 말도 않고 벙어리처럼 한참 서있었다.

그리고 굵직한 목소리가 울려 퍼졌다. '나의 살던 고향은 꽃 피는 산골 복숭아꽃 살구꽃 아기진달래 그 속에서 놀던 때가 그립습니다.' 아주 가락이 구성지게 넘어갔다. 재학생, 졸업생, 학부모 모두 따라 불렀다. 온 식장 안이 노래와 함성으로 메아리쳤다. '이것으로 축사를 대신합니다.' 그는 하단하였다. 얼마나 파격적인가. 엄숙해야 할 식장이 온통 웃음바다가 되었다. 그렇게 한바탕 웃고 난 얼굴들에는 피로가 싹 가시고 생기가 돌았다. 지루하던 졸업식장의 긴장이 풀렸다.

유머는 생활의 활력소이고 양념 같은 것들이다. 꼭 크고 알찬 것들에게만 있는 것이 아니라 잔잔하고 하찮은 것들에도 기지처럼 숨어 있다가 번득인다. 일상에서 아무 부담 없이 주고받는 이야기 속에 숨어 있는 이야기, 아무 계산도 없이 웃어버리면 그만이다. 순간적이나마 아픈 머리를 식힐 수 있으면 얼굴에 주름살이 생기지 않을 것이다.

나는 중학시절 배삼룡의 코미디를 보고 정수동, 오성과 한음의 이야기를 즐겼고 『고금소총』을 뒤적이었다. 남에게 웃음과 즐거움을 선사하는 웃음제조기가 되었으면 하는 희망을 가져보기도 했다. 그러나 이야기꾼이나 재담꾼은 선천적으로 타고나야 하는 것이지 후천적으로 노력해서 되는 것이 아니었다.

쇠털 같이 많은 날 웃으며 살자. 오늘 아침에도 등산길에 그는 어떤 모습으로 다가올지 기대된다. 웃음은 먼데 있는 게 아니다. 가까이 있다. 어디서 구했는지 그는 나발(喇叭)을 불면서 다가왔고 낯익은 등산객들은 영문을 몰라 고개를 갸웃거렸다.

손자가 자기는 할머니의 비타민이라는 말을 듣고 행복해하는 아내가 부럽다.

친구가 친구 부인에게 친구가 어디 갔느냐고 물었다. 외출했다고 하니 그 친구 왈 '모래밭에 강아지 좆 끌듯이 어디를 그렇게 발발거리고 다니느냐고 먹을 것도 없고 오라는 데도 없는데 개뿔…' 전화통으로 흘러나오는 그 말을 듣고 친구 부인은 얼마나 황당했겠는가. 아마도 상대는 통화가 끊어진 줄 알고 그랬을지 모른다. 쌍욕도 적절히 구사하면 웃음의 요소가 될 것이다.

타이밍과 분위기에 맞는 웃음거리여야 할 것이다. 천상에서 하계를 조감하는 예수 그리스도는 웃음을 터뜨리는 많은 대중들을 보고 어떤 표정을 지으실까? 함께 웃으실까? 입가에 번지는 웃음을 거둬들이며 엄숙한 표정으로 우릴 보고 계실까? 바보 같은 웃음을 흘리고 다니는 그가 천사는 아닌지 그러기를 바라는 내 맘은 더없이 편안하다.

벙어리 매미

대낮 귀가 따갑게 매미 소리가 들려온다. 돌아눕는다. 다른 방에 가서 눕는다. 마찬가지다. 맘을 바꿔 큰 감나무가 있는 고향집으로 가본다. 쏴쏴 들려오는 시원한 시냇물소리, 소음이 아니라 초등학교 1학년 때 듣던 담임선생님의 풍금 소리다. 그렇게 매미 울음은 소음이 되었다가 음악으로 변조되었다가 그러면서 나를 요만큼 키웠다. 나를 떠난 적이 없는 매미 소리는 한기가 몰아치는 지금도 귀속에 앵앵거렸다.

불가마 속에서도 시원하게 노래가 철철 넘쳐흐른다. 사랑노래를 뿌리는 끈질긴 부성(父性)이다. 땅 속에서 17년 세월을 뒹굴다가 땅밖으로 나와 우화(羽化)된 지 보름, 길어야 한 달 정도가 생존하는 기간이라니 다른 곤충에 비하여 그렇게 짧은 일생은 아니다. 나이가라 폭포의 낙하하는 물소리에도 짓눌리지 않고, 그건 아니야, 그냥 넘어갈 수 없지, 엄청 크게 목덜미를 비트는 모성이 있다. 암매미는 조물주에게 상당한 불만을 토해 놓는다. 왜 발음기기관을 점지해주지 않았나. 아무리 속이 터져도 통곡할 수 없고 억울해도 입을 열 수 없는 벙어리 매미 한 마리.

봉용은 매미를 포획하는데 한 여름을 다 보냈다. 곤충채집 숙제를 하는 것이 아니라 친구들에게 매미를 잡아 선물로 줘야 했다. 대장은 대장답게 아이들이 못하는 것을 혼자서라도 위험을 무릅쓰고 척척 해내야 대장이 아닌가. 아이들을 모아놓고 아이들 앞에서 제가 매미를 얼마나 노련하게 잘 잡는지 보여주겠다고 약속했다. 그렇게 호기를 부렸다.

정오, 경찰서 종루에서 12시를 알리는 오포소리가 웽 울었다. 와글와글 끓어오르던 온 시가지가 굉음 뒤로 사라졌다가 다시 제 모습을 드러냈다. 소음 뒤의 정적이 얼마나 가슴을 떨리게 했는지 모른다. 매미들도 잠잠히 숨을 죽이었다가 뚝 삼켰던 소리를 다시 토해 놓는다. 쐐쐐 찌찌… 봉용은 아이들에게 여기 보란 듯이 포구나무 둥치 위로 기어오른다. 나무에 가슴을 바짝 붙이고 살금살금 기어 매미 가까이 갔다. 아이들은 나무 아래서 목이 빠지게 그것을 쳐다본다. 봉용이가 두 팔을 벌리고 날다람쥐처럼 날아서 참매미 한 쌍을 손으로 덮쳤다. 순식간에 나뭇가지에서 봉용이가 굴러 떨어지는 듯했으나 그는 아무렇지 않은 듯 오뚝 일어났다. 이거, 누구 줄까. 따라와 봐라 봉용이가 앞장서 달린다. 아이들이 뒤따라 우우 몰려간다. 빨래터에서 그것을 가슴 졸이며 바라보던 벙어리 여인은 실신할 뻔했다. 아, 봉용아! 제발 이제 높은데 올라가지 말라고 했는데도. 위험해, 위험해, 온 힘을 다해서 소리쳐도 아무 소리도 잘 들리지 않는지 여전하다. 벙어리 여인은 어버저어 손을 저으며 소리쳐도 암매미처럼 가슴만 탈 뿐이다. 암매미는 노래하지도 울지도 못한다. 아이들이 달려가며 머리에 빨래통을 인 벙어리와 부딪쳤다. 어버저버, 벙어리다. 용용 죽겠지. 앞서가던 아이들이 벙어리를 놀려대며 달려간다. 봉용은 왠지 가슴이 썰렁하다. 벙어리가 안됐다는 생각이 들었다. 놀리지 마라. 놀리지 마. 아이들을 따라가며 소리쳤다. 벙어리를 놀려대면 매미를 너희들에게 안 주고 놓아줘 버린다. 그 소리에 아이들은 찍소리 못하고 봉용의 뒤를 따르며 벙어리를 놀리지 않는다. 아이들은 벙어리의 눈앞에서 차츰 사라졌다. 멀리 초원 속으로 달려간다.

벙어리는 흙 묻은 빨래를 다시 통에 담아 머리에 이고 가면서, '봉용아, 난 네 어미야' 소리는 안 되고 바람소리만 퍽퍽 입 밖으로 새어나왔다. 벙어리는 우물가에서 흙먼지가 묻은 빨래를 다시 헹구며 먹먹한 가슴을 쓸어 내렸다. 봉용에게 어떻게 자기의 존재를 알릴까 생각을 해봐도 달리 방법이 없었다. 혹시 자기가 어미인 것을 알고 엇나가지 않을까! 그보다 두려운 일은 없었다. 잘못되면 어떡하나 그런 생각이 들어 눈앞이 아뜩하다. 낌새를 채고 그 집 사람들이 몰려와 차고 때리면 당하는 수밖에 없었다. 몰매를 맞아죽은 한 있어도 그렇게 봉용에게 해가 되는 일을 하긴 싫었다. 얼굴에 소리 없는 눈물이 흘렀다.

벙어리는 시집도 안간 처녀 몸으로 더부살이를 하다가 주인 영감에게 겁탈을 당했다. 임신을 했다. 자손이 귀한 집안이 되어서 그런지 임신 중에는 주인이 잘 대해주는 것 같았다. 그러나 출산을 하고는 한 달이 채 안되어 주인 아낙이 보퉁이를 내던지며 다른 집일을 알아보라고 내쫓았다. 아무도 벙어리의 편을 들어주는 사람이 없었다. 어버저버 손을 가엾게 떨었다.

봉용이네는 본가에서 쫓겨나 눈물을 쏟으며 길거리를 헤매다가 지금의 주인을 만난 것, 일을 거들어주고 입에 풀칠이나 하면서 하루하루를 보냈다. 될수록 봉용과 멀리 떨어지지 않고 가까이 살면 언젠가는 자기자식을 만날 수 있으리라는 기대를 잊지 않았다.

봉용은 무럭무럭 자랐다. 이제 초등학교 6학년, 중고등학교에 들어가면 자기를 낳은 엄마를 만나게 해준다는 약속을 받아냈다. 굳게 믿고 있었다. 봉용이가 출생의 비밀을 눈치 챈 것은 형과 자기와의 나이 차가 열세 살, 그것도 이상한데 속살거리는 주방 아줌마들의 말을 엿들었다. 사실이 그러냐고 아버지에게 따지었다. 언젠가는 너희 엄마와 함께 살게 해준다고. 이런 사실은 너와 나만 알고 입 밖에도 내지 말고 묻어두자고 그런 약속을 했다. 굳게 아버지와의 약속만을 믿고 살아간다.

요즘은 자주 가슴이 두근거리고 울렁인다. 맘을 어떻게 달래야 할지 밤에 잠도 안 오고 입맛도 떨어졌다. 이 세상을 만드신 하나님이 이상하다는 생각을 했다. 수컷들은 노래를 자유롭게 하게 하면서 왜 암컷들에겐 그런 기능을 주지 않았는가. 어쩌란 말인가, 부성과 모성의 차별이 너무 심하다. 학교에 오가면서 자주 만나는 벙어리 아줌마가 자기 엄마일지 모른다는 생각이 어슴푸레 눈앞에 나타났다가 사라진다. 주방 아줌마들의 중얼거림이 귀에 또렷하다.

그러고 나서 봉용은 매미를 잡는 것이 싫어졌다. 아이들과도 어울리지 않았다. 정말, 말을 못하는 벙어리 매미가 가여웠다. 한편으로 바보스러워 보였다. 아무리 말은 못해도 좀 다부지게 행동하지, 그냥 물러나. 뭐가 이래. 윗저고리를 벗어 땅바닥에 패대기를 쳤다. 왜 말을 못해. 하고 싶은 말을 해야 살지, 이 벙어리야, 무엇이 무서워 백양나무에 가만히 붙어서 자신의 운명을 슬프게 토닥이는가.

석파의 묵난도

묵난도를 이리저리 살펴보니 잎은 빼어나고 줄기마다 현란한 꽃이 피었다. 수수하고 깨끗하다. 얼른 봐서 누구의 필치인지 짐작이 안 되나 자세히 꽃과 줄기를 엮어 가면 정답이나 온다. 한때 이 나라를 휩쓸던 권불십년의 상징인 석파 이하응이다.

고종의 섭정이 되기 전의 석파, 권력을 잡은 뒤 마구 휘두른 대원위대감, 그야말로 그의 위상은 실로 현격하다. 그는 야인시대를 겪으면서 온갖 신고를 겪었다. 본심이던 위장되었던 사실이 그러하다. 그는 사대부가의 개 취급을 받았다. 파락호로 멸시를 받으면서도 오로지 권력을 잡기 위한 야심을 한때도 잊은 적이 없다. 조대비의 조카 조영하와 친교를 맺었다. 세도정치의 병폐를 막기 위하여 고심하던 당시 왕의 지명권을 가진 조대비의 환심을 사려고 노력하였다. 그 뜻이 성취되었지만 야인시절의 석파가 그린 난은 수수하였고, 한 자리의 술값을 못 치러서 욕을 먹는 무리들을 구제하려고 붓을 드는 것을 마다하지 않았다. 입에 풀칠을 위해서도 화필을 들었다. 그의 난은 친서민적이고 가난한 백성들의 삶과 애환을 그대로 담은 것이었다. 호방한 풍모를 엿보게 하는 것들이었다.

그는 권력을 잡고서 많은 개혁을 단행하였다. 민폐가 혹심한 서원을 줄이고, 세재를 개혁하여 사리에 눈먼 사대부들에게도 세금을 물리었고, 안동 권씨와 김씨들의 세도정치를 혁파하는 등 괄목할 만한 선정을 펼치었다. 그러나 19C의 서세 동점(西勢東漸)하는 세계사의 흐름을 제대로 읽지 못하였다. 외국과의 교류를 막아서 병인양요와 신미양요 같은 분쟁의 실마리를 제공하였고 외세를 배척하는 척화비를 세우기도 하였다. 어떤 의미에선 국수주의적이고 주체성의 확립이라고 할지 모르지만 서양과의 문물교류를 막고 근대화를 막았다. 역사에는 가설이 성립되지 않지만 그때 서양 문화를 받아들였다면 일제의 침탈을 막을 수 있지 않았을까 하는 생각도 없지 않다.

여기서 대원군의 정치적 양비론이 싹을 튼다. 경복궁의 중수 같은 거대한 토목공사를 일으켜 백성들의 원성이 사무치었다. 화폐개혁(백 대 일)을 단행하면서 당백전을 발행하고 경복궁의 부족한 공사비를 충당하기 위하여 원납전(願納錢) 거둬들이었다.

말로는 백성들이 원해서 납부하는 돈이지만 실제로는 고혈을 짜고 수탈하는 원납전(怨納錢)이었다. 시정의 얘기로는 좀 황당하다. 천 이백 량을 내는 자에겐 신분을 묻지 않고 현감 첩지를 내리는 신분 세탁의 길을 열어 놓았다. 이름만의 벼슬을 팔고 사는 매관매직이었다. 곡절이 많은 경복궁이 세계문화유산에 등재되어 관광수입을 올린다하니 아이러니 치고는 저급한 것이다. 하긴 중국의 만리장성이나 이집트의 피라미드에도 노예나 농노들의 눈물과 땀으로 얼룩진 세계의 문화유산이라니 역설이요 웃음이 없는 유머다. 그런 점에서 보면 문화 대국이라고 큰소리치지만 프랑스도 유물 약탈국으로 세계문화유산으로 등재되어야 마땅하나 아직 그런 세계사적 징벌이 거기까지는 못 미치는가 보다.

십여 년 만에 외가를 방문하였더니 몹시 반겼다. 술잔을 앞에 놓고 이런 저런 얘기를 나누다 술기운인지 외삼촌이 큰 배미의 비밀을 털어놓았다. 이렇게 어려울 때 그때 대원군의 묵난도라도 한 장 받아두었더라면 그것을 팔아서 집안의 어려운 모퉁이를 막을 수 있을 것인데, 조상의 덕을 볼 기회를 놓쳤다고, 지금은 얼마나 큰돈으로 환산될지 모르나 외고조부께서 경복궁 중수공사에 원납전 삼백 냥을 내었다. 대원위대감은 벼슬을 내리려 해도 사양하고 어떻게 해야 할지 난감해 했다. 어디 사는 누구길래 이런 큰돈을 내었냐고 묻고 원하는 것이 있으면 말해

보라. 원하는 것은 아무것도 없고 그냥 대감님의 나라사랑의 뜻에 감읍하여 내었노라고. 대감은 크게 감동하여 현감에게 이 백성의 집일을 각별히 보살펴주라고 영을 내렸다. 일제강점기 전까지는 매년 모심기철에 현감은 말을 타고 열두 마지기 큰 논배미를 돌아보고 논두렁에 앉아서 구름을 낚다가 모심기가 끝나면 귀청하였다. 위세를 부리지 않았지만 그 마을은 임금의 은혜를 입은 것이다.

고종 10년 고종의 친정선포로 대원위대감은 야인으로 돌아갔다. 숱한 풍파를 일으킨 그는 역사의 뒤안길로 사라졌다. 임오군란이 그러하고 동학란이 그러하고 아관파천(俄館播遷)이 그러하고 역사적 사건의 굽이를 돌며 권력의 복귀를 노렸으나 번번이 실기하고 말았다. 민 황후를 앞세운 민씨 세력에 굴복하였다.

석파는 비운의 정치인이다. 예술을 알고 묵화를 사랑한 작가이기도 한 그는 한국 근대사의 풍운아이다. 그가 권력에서 추락한 뒤에 유 모야의 부탁으로 그린 '열두 폭의 묵난도'를 보면 그가 얼마나 뛰어난 예술가인가를 금방 알 수 있다.

대폭씩 대칭구도, 병풍 각 폭의 좌우에 그림 제목이 붙어있다. 각 폭에 다양한 괴석과 난초, 잎이 뿌리에서 총총히 자라나 위로 한껏 기세를 뿜으며 완곡하게 펼쳐진다. 난초를 그린 필법이 석파의 전형적인 후기의 양식이다. 초기에 그의 서체는 추사 김정희의 영향을 받았으나 만년에는 자신만의 독특한 경지를 개척하였다.

석파가 정계에서 물러나 은둔생활을 하면서 그린 〈묵난도십곡병〉은 노년기의 원숙한 묵난 양식이라는 것도 간과할 수 없는 전문인들의 일반적인 견해이다.

정치가가 아닌 서화가인 석파의 묵난을 보면서 그는 다분히 낭만적인 성격의 소유자가 아닌가 한다. 정치가로서 지략과 음모를 떠난 인간 이하응의 단면을 엿보게 한다. 만약 그가 서화가로서 길을 걷지 않았더라면 더 성숙한 정치가의 길을 걸었을 것이다. 근대에 정치가로서 활약한 분들의 글씨나 그림을 볼 때 그들의 인간적인 고뇌가 묻어난다. 아취적인 여가를 즐긴 것으로 느껴지지만 대체로 정치적으로 흠결이 눈에 띄는 것이 예술가로서의, 정치가로서의 한계인가 한다.

시식 코너와 맛보기

산모롱이를 돌면 그 다음에 무엇이 눈에 비칠까? 부푼 기대와 의문을 품게 된다. 낭떠러지일까, 들국화 짙은 향기 어린 언덕일까, 시식 코너를 돌면서 다음 코너엔 어떤 성찬이 차려져 있을까, 흥분과 긴장이 동시에 몰려와 돌개바람처럼 눈앞을 흐려놓는다.

"왔구나. 작년에 왔던 각설이가 또 왔구나." 짤깍 짤깍 가위소리가 골목 안을 휘젓는다.

또래들은 물밀듯이 모여들었지만 금방 심드렁해진다. 맛보기를 주는 인심이 후하지 않다.

너들 집에 있는 헌 고무신짝이나 놋그릇 깨어진 것, 부러진 숟가락 몽당이를 가져오라고 꾀어 보지만 한두 번이어야지, 벌써 서너 번은 더 훑고 갔다. 할아버지의 담뱃대 물뿌리를 동강

내어 가져가면 몰라도 남아있을 만한 것이 없었다. 그러나 엿판 곁을 쉬 못 떠나며 군침을 흘린다. 손톱만큼 찍어주는 맛보기의 유혹 때문이다. 맛보기는 영원한 개구쟁이들의 향수이다.

자다가도 벌떡 일어나게 하는 맛보기, 우리 생활 속에서 엿은 겨우 명맥을 유지한다. 군것질거리가 다양화되면서 한때 사라지는 듯했던 것들이 다시 살아난 셈이다.

맛보기도 시식 코너라는 상호를 바꿔 달고 대형 마트에 신장 개업을 하였다.

테이블 위에 올려놓은 한 점이 아니라 두 점, 세 점 식품 매장 안을 돌아다니며 맛볼 수 있다. 아무도 맛을 못 보게 제지하지 않는다. 맛보기의 인심이 후한 것이 아니라 그만큼 넘쳐나는 것이다. 빵조각, 우유, 순대 한 점, 과일 한 조각, 새로 출시되는 것들을 마음대로 맛볼 수 있다. 그러나 김치나 젓갈 따위의 반찬류는 메뉴에 빠졌다. 사람의 입맛은 간사하기 이를 데 없는지 단 것은 받아들이고 짠 것은 밀어낸다. 어떤 코너는 판매원들이 맛보기를 찍어 놓기 바쁘다. 천천히 음미하면서, 친구들과 다정한 얘기를 나누며 한때를 즐기는 풍경은 볼만하다. 토요일 오후나 일요일 맛의 황홀경에 푹 빠진 신혼부부나 가족들의 모습은 더없이 정겹다.

그런데 이 맛보기의 풍경이 꼭 그렇게 호의적으로 보이는 것은 아니다. 아이들이 우우 몰려온다. 기다렸다는 듯이 마구 찍어먹는다. 배가 고파서 그런 것은 아닐 터이고 가히 편안한 인상은 아니다. 비단 시끄럽게 떠드는 아이들뿐 아니라 차림새가 허름한 어른들도 대열에 끼어든다. 물가의 주린 사자가 연어를 낚아채듯이 먹어치운다. 이것은 맛보기가 아니라 허기를 채우는 포식이다. 그렇게 매장 안을 한 바퀴 돌면서 집어 먹으면 배가 부르고 끼니 생각이 없어진다는 말도 들었다. 이것은 맛보기가 아니라 개구리가 파리를 잡아먹는 형국(꼴)이다.

맛보기의 다른 일면은 미각 예술이란 것이다. 한꺼번에 덥석 삼키지 않고 혀끝으로 야금야금 음미하면서 오미팔진(五味八珍)이 무엇인가를 마음속으로 재구해보는 것이다. 달고, 짜고 ,시고, 쓰고, 맵고 다섯 가지 맛이 재료와 조화를 제대로 이루어 그것만의 제 맛을 내고 있는가를 인지하는 것이다. 그리고 팔진이란 특이한 음식을 요리하는데 쓰이는 여덟 가지의 진기한 재료란 뜻이다.

그와 달리 간단하고 직설적으로 맛의 경지를 탐험하는 것이 시식 코너, 맛의 탐색장이다. 두고두고 음미하는 미식가의 그것과는 또 다른 행위예술이다. 교양인은 입술을 대고 함부로 지분거리지 않는다. 어떤 사람을 교양인라고 하는지 몰라도 교양타령을 하다간 맛의 본질을 잃는 수가 있다. 음식 간의 숙수는 일일이 재료를 맛보지 않고도 양질의 재료를 선별해 낸다고. 입으로 맛볼 때와 감식하지 않을 때를 잘 구별해야 한다는 것이 숙련가의 시각이다. 그래서 달인이라는 용어가 생겼는지 모르겠다.

하긴 돌림식의 맛보기가 썩 마음에 내키지 않는다. 아무 때나 입안에 음식을 넣으면 텁텁하고, 정갈한 기분은 달아난다. 그래서 될 수 있는 대로 그런 행동을 자제한다. 시식은 배가 부른 것도 아니고 얄팍한 상술에 혼을 빼앗기기 쉽다. 하지만 경우에 따라서는 맛보기가 없으면 심심할 법도 하다. 상혼이란 이익을 남기기 위해서는 자는 아이도 깨워서 울려야 한다. 끝없이 나락으로 몰고 가는 유혹, 엿 반 토막을 들고 있는 아이에게 혀를 한번만 대어보자고 간청하는 눈빛, 그 간절한 소망을 보면서 자란 유년을 생각하면 야릇한 웃음이 입술가에 번진다. 따스하게 젖어든다. 냉큼 삼켜 버릴까 의심하면서 조심스레 엿을 입술에 대어보게 하는 아우와 형의 사이처럼 간질간질하다. 하긴 맛보기가 시식 코너로 발전하였다고 그렇게 과장하여 인간의 간을 읽으려는 발상이라고 말하고 싶지는 않다.

그러고 보니 문득 음식 앞에 장사(壯士) 없다는 말이 생각난다. 굶주린 사람이 맛있게 차려놓은 음식상 앞에서 점잔을 빼거나 마다할 사람은 없을 것이다. 체면 차릴 것 없이 맛있게 먹어주는 것이 음식을 차려준 사람에게 대한 예의요 염치이기도 하다.

또 민이식위천(民以食爲天)의 뜻풀이, 백성은 먹는 것을 하늘처럼 중히 여긴다는 뜻이다.

역시 입에 와 닿는 것을 맛보는 것이 가장 철학적이고 현학적일 수도 있다. 맛보기만의 철학이 담고 있는 진실은 무엇일까? 입에 대보지 않고도 알 수 있다는 비밀을 풀어보는 것이다.

식혜와 라카사(laksa)

나는 미식가도 아니고 식도락가는 더더욱 아니다. 되는 대로 먹고 입고 살아온 지난날이 부끄럽기도 하고 민망스럽기도 하다.

벽지에서 근무할 때 R선생 댁에서 며칠 기식하였다. 발령을 받고 곧장 부임하여 적당한 숙식처를 구하지 못해 신세를 진 것이다. R선생은 어찌나 양반의 법도를 지키려고 하는지 내가 앉은 자리가 불안하였다. 하긴 양반가의 후손으로서 긍지와 자부심이 대단하였다. 아침저녁으로 내 방을 찾아와 상호 간 문안 인사를 교환하고 같은 연배인데 그쪽에서 나를 윗사람을 대하듯 인사를 깍듯이 했다. 아마도 오랫동안 몸에 익힌 습관이어서 그런 것 같았다. 그의 부인도 사모님이라는 호칭을 싫어했다. 이웃사람들이 부르는 대로 그냥 선생 댁이라고 불러주는데 만족한다고 교태 같은 것을 부릴 줄 몰랐다. 그분은 눈망울이 서글서글하고 곧잘 웃었다. 인상이 수더분한 분이었다. 뿐만 아니라 나를 이것저것 챙겨주려고 고심하는 모습이 역력하였다.

하루는 곤히 잠들어 있는데 방문을 열고 소반이 들어왔다.

"이거 자셔 보시, 감기엔 그만인 게."

그때 난 심한 독감을 앓았다. 나를 위하여 별식을 준비해준 그분에게 죄스럽고 민망하였다.

희미한 등불아래 소반 위에 놓인 식기의 뚜껑을 열었다.

윗목에 밀쳐놓았다가 그분의 성의가 고마워 숟가락으로 휘저어보았다. 아, 이것이 뭘까. 먹다가 토해놓은 것 같은 기분이 찹찹하였다. 언뜻 보아 채를 썰어 넣은 무와 배의 과육 사이로 팅팅 불은 하얀 밥 알갱이가 둥둥 뜬다. 고춧가루를 뿌린 국물이 불그데데하다. 한입 먹어보니 달짝지근한 것이 혓바닥에 감긴다. 사각 사각 씹히는 맛이 상큼하였다. 생강 냄이 톡 쏜다. 전체적으로 매운 맛도 아니고 쓴맛도 아니고 시금털털한 것이 나의 미각을 사로잡았다.

식혜 한 주발을 다 비우고 땀을 흘렸다. 그 때문이지 모르나 자고나니 감기가 물러갔다.

식혜는 경북 안동 의성 지방에서만 맛볼 수 있는 향토음식이다. 그 뒤에도 식혜를 먹어볼 기회는 없었다. 심한 감기로 식욕을 잃었을 때 식혜가 눈앞에 삼삼거렸다.

얼마간 페낭(말레이시아)에 거주할 때 그곳의 음식이 대체로 비슷했으나 소소하게 다른 것도 많았다. 늘 찬거리 걱정을 했다. 하루는 산나물 같은 것을 사왔다. 데쳐서 밥상에 올려놓았는데 고약한 냄새가 진동하여 통째 쓰레기통에 넣었다. 산나물 같은데 산나물이 아니라니 아내는 그것을 사게 된 자초지종을 이야기 했다. 그 가게의 좌판에 진열해 놓은 산나물 비슷한 것, 말이 통하지 않으니 물어볼 수도 없고 그냥 떨이를 했다. 가게주인이 왜 그렇게 많이 사느냐는 시늉을 했다. 이상한 감이 왔으나 그냥 사온 것이다. 모르면 피해가지 않고 달려든 것이 그런 사단을 일으켰다고 온 가족이 둘러앉아 그 얘기를 듣고 깔깔 웃었다. 뒤에야 알았지만 그것은 산나물이 아니라 똠냥. 그냥 맛을 보면 생선이 썩는 것 같은 비릿한 냄이 비공을 자극하였다. 똠냥은 산나물이 아니라 라카사라는 쌀국수에 넣어먹는 고명이었다.

아침 산책길에 해수욕장 옆에 있는 식당을 지나다가 이상야릇한 냄새를 맡고 촉수를 세웠다. 손님을 맞으려면 주변을 깨끗이 해야지, 이 구역질나는 냄새를 그대로 두고 어쩐다. 똠냥 냄새인 것을 금방 알았다. 쌀국수에 넣어먹는 고명, 이상한 냄새노 나지 않고 감칠맛을 더해 준다는 생각에 라카사를 먹어보고 싶었다. 점심때를 맞추어 탄붕가로 나갔다. 거기엔 쌀국수를 파는 가게가 도로변에 즐비하다. 포장마차 앞에 앉아 라카사를 주문하였다. 이곳 특식을 시식해보려고 별러오다가 그 뜻을 이루게 된 셈이다.

첫술에 국수오라기를 건져서 입에 넣었는데 과연 그 냄새가 그렇게 진하지는 않았다. 내 혀는 그 냄새에 동화되었다. 비릿하고 톡톡 쏘면서 얼얼한 국물이 혀를 즐겁게 했다. 달콤한 맛만 빼면 식혜맛과 견주어도 크게 다르지 않았다. 맵고 달짝지근한 것이 온통 귀밑을 화끈거리게 했다. 얼큰한 맛에 취하여 건더기를 건져먹고 국물을 후루룩 마시었다. 어느새 똠냥의 맛을 거부하고 비하하다가 찬미자로 돌변하였다.

이처럼 식혜나 똠냥의 맛을 인지하고 맘속으로 향토 냄새를 그리워하였다. 나라마다 그 나라의 특별한 고유의 맛이 있지만 다른 나라의 음식과 견주어보는 것도 전통음식에 대한 긍지와 자랑을 가지는 뿌듯함이 있을 것이다.

벚꽃을 위한 사랑의 연주

먼 산에 윤기가 돌면 옷을 갈아입는다. 밖으로 나돌아 다니다가 감기라도 걸리면 어떡하나 걱정을 하지 않아도 좋은 절기이다. 망월산 자락에 생강 꽃이 너들 사이로 피고 진달래가 나도 여기 있소, 힘차게 손을 들었다. 아파트 모롱이에 백목련이 꽃망울을 터뜨린 지 며칠이 안 되어 벚꽃의 만개를 알리는 지도가 나와 그냥 넘길 수 없는 혼란이 겹친다. 창경궁의 밤 벚꽃놀이가 인구에 회자된 적도 있다. 이젠 윤중로의 벚꽃구경이 화제를 부추긴다. 전국 방방곡곡 벚꽃축제로 지자체장들이 실적을 쌓으려고 야단이지만 꽃의 표정은 그냥 그대로 별로 달가워하지 않는다. 서울 인구도 적잖은데 지방에서 구경 하러온 사람들을 합하면 수 천만은 실히 되지 않을까? 꽃이 몸살을 앓는다.

조용히 감상하는 것이 아니라 얼뜨기로 밀고 밀리고 꽃과 사람이 서로를 윽박는 전쟁이다. 꽃과 사랑이 아니라 꽃을 탐하는 인간들의 야만을 읽는 것 같다.

맘속에 그려진 파노라마는 동래온천으로 가는 길가에 서 있는 벚꽃나무들, 그 사이로 전차가 휙휙 지나다니는 것이 역력하다. 논과 논 사이 온갖 가식을 떨쳐 버리고 서서 하얗게 몸통을 자랑하였다. 통꽃이 아니라 갈래꽃들은 어깨를 나란히 해도 시새움을 모른다. 한 이틀 더 지나면 조금 붉은 꽃물을 띠던 꽃들의 화심과 꽃잎들이 하얗게 빛난다. 그때를 놓칠 수야 없지. 탐화(探花)를 하러 바지를 둥둥 걷어붙이고 떠나야지.

두근거리는 맘으로 Y대학으로 가는 지하철에 올랐다. 언제 보아도 Y대학은 넓은 벌판이다. 종점에서 교정 안으로 걸어가는데 다리가 휘둘린다. 띄엄띄엄 건물이 있고 건물 사이사이로 벚꽃나무들이 줄줄이 섰다. 부끄러운 듯 목련이 미태를 자랑하며 먼저 피었다가 자리를 내준다. 떨어진 잔해들이 굴러다니는 것이 볼썽사나워도 누군가가 어색하지 않게 숨겨준다. 꽃들의 정렬된 모습에 심술이 나서 그런지 박태기 한 그루가 외롭게 서 있다. 잘 다듬어진 꽃길 속에서 내보란 듯이 뽐내는 파격이다. 역시 자연은 조화가 가장 중요하지만 때로는 파격이 정격(正格)을 능가한다. 일제히 피었다가 일제히 바람에 흩날리는 꽃, 남산으로 올라가는 길 초입에 송전소가 있고 신사터로 올라가는 길가에 무더기로 피었다. 해방과 더불어 죄 없는 죄를 뒤집어쓰고 베임을 당했다. 거기만 벚나무가 있었고 제철에 꽃은 만발하였다. 꿀벌들이 날아와 앵앵 거린다. 큰 장터의 장꾼들처럼 시끌시끌하다. 야단스런 축제란 이름표만 달지 않았을 뿐 꽃을 즐기고 꽃에 취하여 놀면 그게 축제가 아닌가. 꽃이 피면 얼씬하지 않던 사람들도 성시(盛市)를 이루게 되어 있다.

벚꽃 축제를 생각하면서 진해 군항제, 섬진강 팔십 리 벚꽃길도 한없이 아름답고 가슴을 오스스하게 했지만 매스컴에 이름이 오르내리지 않은 곳이 더 제 멋이 있었다. 우리 동네의 뒷산에 핀 벚꽃 한두 송이를 꺾어 머리에 꽂으면 더없이 기쁘다. 하늘을 나를 듯이. 그러나 사람들은 그 여인에게 손짓을 한다. 정상이 아니라고. 꽃을 사랑하는 것이 정상이 아니면 꽃나무를 베어내고 구박하는 것은 정상인가. 왕벚꽃의 원산지가 일본이 아니라 제주도라고 밝혀낸 박만규 박사의 공적을 기리는 기념비가 세워져 있는가. 벚꽃은 아무데나 이름 없는 여느 산자락에도 다소곳이 핀다. 벚꽃은 만화방창 뭇꽃 중에 화려하기가 으뜸을 자랑하지만 사시사철 피고 지고 채워주지 못하는 아쉬움이 있다. 아마도 그것은 우리에게 뭔가를 시사를 하는 인화(人花)가 아닌가. 사람의 꽃, 잠 번잡하고 변덕이 심해도 식물의 생명력에는 비할 수 없다. 그러나 하나하나의 생명이 짧아도 부족한 것을 집단으로 커브하고 있다.

지하철에서 내린 젊은이들이 질서 있게 걸어서 교정 안으로 들어온다. 정말 싱싱하고 꽃보다도 아름답다. 듬직한 우리들의 미래이다. 마음을 두근거리게 하는 힘과 사랑이 함께 어우러진다. 꽃은 소리 없는 악기로 끊임없이 사랑을 연주한다. 빈 가슴을 가득 채운다. 무서리로 핀 꽃을 보는 맘은 비상할 것이다. 사방으로 확 트인 벌판을 달리는 청마의 기세이다. 점심시간이 지났는데 배가 고픈 줄 모르고 한없이 걸었다. 넓고 먼 길을 가고 돌아서 또 가고 지칠 줄 모른다. 다른 초목과 꽃들은 아직 기동을 할까 말까 망설이는데 벚꽃만 왜 이렇게 일시에 피었다가 일시에 저버리는가. 꽃을 사랑하는 민족의 집중력과 단결력을 과시하는 것 같다.

벚꽃이 만개한 교정을 거닐면서 인영과 인득이가 4년간 책가방을 메고 드나들었을 것을 생각하니 가슴이 뿌듯하다. 그들에게 말하리라. 꽃이 지는 슬픔일랑 멀리하고 항상 밝고 환하게 빛나라.

쓸어 무삼하리

소리보다 빠른 게 빛이다. 그런 속도 속에서 살고 있는 우리가 늙어서 외롭고 가난한 것처럼 젊어서도 그렇게 절절하고 빛처럼 빠르게 살았다면 냄새나는 것을 자기가 치우는 삶은 되지 않았을 것이다. 준엄하고 험악한 산아래 동네를 뒤덮고 있는 거대한 성벽을 에워싸고 비바람이 불어왔다. 낙엽 바람도 불고 눈바람도 어김없이 불어온다.

저 거대한 성채의 주인은 누구일까? 그녀는 뺨이 발그스레하고 머리에 고운 리본을 꽂고 화려한 드레스를 입고 탱고 리듬에 맞추어서 밤이 깊어가는 줄 모르고 춤을 추었다. 그러나 먼동이 트면서 외국사절과 초청된 선남선녀들이 훌훌 떠나고 취객들은 깊은 잠에 빠져 세월을 망각하였다. 매일매야 환락 속에서 잠들고 그 속에서 깨어났다. 늘 푸른 잎이 무성한 계절만을 생각하고 창고 문을 닫을 줄 몰랐다. 누가 구걸해 오면 문을 따놓고 마음대로 가져가게 했다.

어느덧 50년의 잠에서 깨어났을 때 찬바람이 낙엽을 몰고 폴폴 성안으로 들어왔다. 마을에서 성채를 찾아오는 이도 없었고 문턱도 썩어버렸다. 하품을 하며 먹을 것을 찾았으나 남아있는 것은 아무것도 없었다. 어떻게 주린 배를 채우고 생명을 부지할 것인가? 막막하였다. 저 산더미 같은 쓰레기를 누가 치워줄 것인가? 그런 걱정을 뒤로 하고 또 잠을 청했다. 단잠을 자고나니 마을 사람들이 괭이와 삽을 들고 몰려와 막힌 도랑을 트고 성벽 안을 말끔히 치웠다.

그러나 그녀는 귀찮았다. 너희들이 뭐길래 성벽을 무너뜨리고 침탈하려드는가. 나는 심을 것도 거둘 것도 없는 이 허들공화국에서 자유롭게 살아왔는데 무슨 불멸의 자유를 말하고 누구와 어울려 살자고 했기에 민주주의와 평등을 되뇌는가. 극히 불안정과 불확실한 제도를 벗어나기 위하여 살아가는데 너희들은 대문 앞에 양식을 놓고 가고 물동이를 들여놓고 주인이 원하지 않는 일을 하며 대문을 두드리고 소란을 피우는가. 폐쇄된 길을 굳이 내려고 하지 마라. 버릴 때는 언제이고 거두어 주려고 할 때는 언제인지 나를 너희들은 독거인이라고 빈정거리지 않았는가. 이웃들은 더럽고 냄새가 나서 함께 못살겠다고 아우성이었다. 시민의식이 부족한 그녀를 소환한다고 해도 쇠귀에 경 읽기였다.

아, 아 나는 생의 포기자인가. 퇴화의 전형인가. 자연으로의 귀화인가. 낭만의 중간지대에 놓여있는지 셈이 명확하지 않다. 노폐물을 수십 년 버리지 않아 산더미처럼 쌓였다면 알만하다. 낙엽을 치우지도 않고 불도 안 피우고 쓰레기 더미 속에서 살아간다면 죽은 자나 다름없다. 그러나 아무 불편이 없다. 화려한 옛 시절도 퇴행된 현재도 모두 매몰되었다. 행정관청이 의회권력이 그녀를 몰염치하다고 추방하려했다. 의사당에서 의결하고 행정명령을 내려도 오불관언이었다. 그것이 나와 무슨 상관이 있는가. 그녀는 삶을 소외라고 생각하지 않는다. 있는 그대로 살아가는 것이다. 제발 기초생활비 몇 푼을 건네주려고 자는 사람을 깨우지 마라.

그것이 부담되고 싫으면 당장 강물에 던져버려라. 거기 드는 장비와 인력이 아깝거든 고속도로를 내듯이 깔아뭉개고 지나가라. 인권이고 평등이고를 나불대지 마라. 이미 이 세상에 없어져도 될 생명이라 아니 하더냐. 멈칫거리지 말고 실천하라. 아무리 좋은 복지시설에 나를 옮겨 놓아도 소용없다. 나랏돈만 축난 날 뿐이다. 먹지 아니하고 싸지 아니하고 싸지 아니하니 몸뚱이는 더욱 가벼울 뿐이어라.

창조주에게 한번 물어보자. 이것이 옳은 삶인가. 화려한 황상

거족의 후예가 어디서 무엇부터 꼬여서 이렇게 되었는가 한 번 따져보자.

하나님에게 인간의 죄를 물을 수 없다. 원초적으로 죄는 인간이 지은 것인데 이제 와서 근원을 따지다니, 너무 몰염치하다. 깜빡거리던 촛불을 낮추고 날아와서 앵앵거리는 초파리 떼를 쫓아라. 남은 반세기가 잠깐 사이에 흘러갈 것이다.

나의 영토

낙동강변 새 터로 둥지를 옮겼다. 우연히 왔다가 마르지 않는 강에 반했고 건너편 와불산(臥佛山)에 마음이 끌리었다.

그곳에서 적잖은 강변 땅을 일구었다. 신매동에 살 때 이웃들이 노는 땅을 일구는 것을 보고 무관심이 지나쳐 백안시하였다. 도심의 자투리땅에 꽃을 가꾸는 일이라면 몰라도 청결한 채소를 자급한다는 것이 미덥지 않았다. 어쩐지 군색스럽고 헛된 일을 하고 있는 것 같았다.

그러던 내가 어느새 꽤 넓은 영토의 주인이 되었다. 강바닥을 일군 땅 천여 평, 시작은 두서너 평 남짓. 고추 열 포기, 가지 다섯 포기, 상추 스무 포기쯤 심어서 생채를 자급할 수 있는 땅이면 더 바랄 것이 없었다. 그러나 땅을 일구면서 자라는 번뇌의

싹을 자르지 못하였다. 자급자족의 도를 지나쳐 판로나 유통을 염려하게 되었다. 아침저녁 배추밭을 드나들며 벌레를 잡고 산자락에 머무는 구름을 보며 즐기려던 것이 빗나갔다. 일품을 안 주고 제 손으로 짓는 농사는 포기 사이에 인격을 심고 기르는 일이나 품을 주고 짓는 농사는 잘 되어도 걱정, 못 되어도 걱정이다. 내가 가꾼 것을 가용에 쓰고 남는 것을 남에게 인심 쓴다. 그래도 남아도는 것을 어떻게 처리해야 할지 난감하다. 농민들이 애써 가꾼 배추밭을 갈아엎는다는 곡절을 알만하다.

한 골이 두 골이 되고 한 두둑이 두 두둑이 되는 것이 뿌듯하다. 산자락의 나무를 베고 풀뿌리를 캐내고 자갈을 줍고 넓힌 옥토, 밭머리에서 사방을 휘둘러보면 광대무변, 동서남북 어디에 시선을 뿌려도 하늘과 땅이 닿지 않는 광활한 대지 위에서 내 꿈은 탄탄하게 날개를 파닥인다. 너무 넓고 넓어 십 만평이고 이십 만평이고 문자로 표현하긴 부족하다. 목 좋은 산등성이에 저택을 신축하고 흘러가는 계류(溪流)를 끌어들인다. 양어장을 만들고 맞은편에 조성해 놓은 목장에서 으음 매, 으 음매 양 울음소리가 알람처럼 들려온다. 새 식구를 맞이한 고고의 울음소리를 들으며 얼른 준마에 올라타고 농장을 한 바퀴 돌아보고 둔덕을 씽씽 달려보고 김이 물씬한 땀을 닦으며 신선한 우유로 목을 축일 때 뿌듯한 행복감에 젖을 것이다. 트랙터로 밭을 갈고 비행기로 뿌린 목화씨들이 하얀 솜을 물고 바람에 흩

날린다. 웃음이 활짝 피어난다.

나는 일꾼들의 주거지에도 적잖은 인력과 자본을 투입한다. 그들의 안식을 위하여 정성을 쏟고 언제나 따뜻한 음식과 감미로운 음악을 공급할 것이다. 지친 몸을 쉴 수 있는 홀을 신축하고 갖가지의 오락기구도 들여놓고 작은 영화관도 문을 열게 할 것이다. 안정된 생활을 하게 되면 그들은 언제나 내게 충성을 맹세할 것이라는 믿음이 간다. 그러나 어떤 졸부처럼 절대 권력자로 군림할 생각은 추호도 없다. 우리들의 영지에 좀 고풍스런 면이 있다면 모일 땐 타종을 울리기로 약속되었다. 소리는 크지 않지만 축복이 온 누리에 은은하게 울려 퍼질 것이다. 전자 장치를 해주겠다는 이가 있어도 점잖게 사양할 것이다. 지나친 물질문명의 산물을 멀리하는 것도 나쁘지 않을 것이다.

나는 좀 우직스런 관리자가 될 것이다. 가지지 못한 이들의 아픔을 모르는 폭군은 아니고 소수의 의견에도 귀를 기울이는 선량한 영주를 꿈꿀 것이다. 그리고 신이 준 선물에 대한 철저한 관리와 공정한 분배를 책임진 하느님의 종으로서 소임을 다할 것이다. 그래서 그런지 그 땅엔 전투적인 노동조합은 있지 아니하고 트랙터를 몰고 국도를 점령하는 폭력은 사라질 것이다. 언제나 투명한 경영을 일관하여 그들의 신뢰와 찬탄을 받게 되는 것이 나의 경영철학이다. 알맞게 노동하고 올바른 대가를 보상받으며 평안히 인생을 즐기고 사는 것이 더 없는 보람이 아닐까?

꿀과 젖이 흐르는 약속의 땅! 그러니까 나는 언제 그런 날이 실현될지 가물가물 멀어져 가는 강물을 보며 향수를 달랜다.

땅에 대한 무한한 나의 향수는 숨기고 싶은 원죄이다. 공부하느라고 땅마지기나 축냈다. 내 또래들은 초등학교를 졸업하자마자 대부분 농사일에 종사하였다. 나 또한 졸업을 하고 남의 집에 아기머슴으로 가라는 할아버지의 권유를 받아들였다면 지금 같은 참회는 없었을 것이다. 어머니의 완강한 반대에 힘입어 진학하였다. 학비를 마련하느라고 없는 살림을 축냈다. 첫 새벽에 일어나 문득문득 떠오르는 생각에 가위눌린다. 무슨 큰 인생을 경영한다고 그랬는지 돌아다보면 조상께 한없이 죄스럽다. 돈을 벌면 더 좋은 땅을 대토하리라, 그렇게 마음을 먹었지만 아직 실현을 못하고 있다. 지금은 전답을 사들여도 기뻐해 줄 이가 없다.

내가 일군 땅에서 거둔 햇곡식으로 조상님과 천지신명께 제사를 올리고 싶으나 그 꿈도 허물어졌다. 전에 없이 무거운 비가 내렸다. 고추와 깨를 심은 밭이 침수되었다. 날 아끼고 사랑하던 사람들에게 무공해의 채소를 선물로 나눠주려고 가꾸던 밭이 물구덩이가 되었다. 정말 의욕을 불태운 일이 그렇게 잘못되고마니 너무 허망하다. 수재민 아닌 처량한 이재민이 되어 망연히 하늘을 쳐다본다. 땀과 눈물을 보상받을 길도 명분도 분명하지 않고… 젖는 동공에 P의 얼굴이 일렁이었다.

P는 가난한 선배 문인이다. 도심에서 부대끼는 것이 싫어 방세가 헐한 변두리로 이사를 했다. 움막 주변에 놀고 있는 땅이 아까웠다. 화단을 만들려고 개간을 시작하였다가 무심결에 경계를 넘었다. 황무지의 잡목을 베고 땅을 쪼고 돌을 골라내고 땅을 넓히면서 격양가를 부른 것이 십여 년, 도심에서 적응하지 못하고 변방으로 밀려난 아픔이 가시었다. 수만 평의 땅에 씨앗을 뿌리고 손질을 하다보면 해가 뜨고 지는 줄 몰랐다. 작물이 무럭무럭 자라는 것을 보고 있으면 메말랐던 인정과 흥이 절로 넘친다. 세파에 입은 상처도 씻은 듯 아물었다. 이젠 나도 가난에서 해방되었다는 안도감에서 일손이 가벼웠다. 몇 해째 밭농사가 풍작을 이루어 팔기도 하고 사랑하는 자식들과 친지들에게 나눠주고 어느새 그의 생업이 저술업에서 농업으로 바뀐 것 같은 착각을 했다. 금년은 가을걷이가 끝나면 한껏 여유를 가지고 그동안 구상하던 회심의 걸작을 선보이리라. 잦은 꿈속에서 불끈불끈 주먹을 쥐었다.

그 해는 고구마를 심었다. 싱싱하게 뻗는 넝쿨과 줄기를 보면서 밑이 굵어가는 것을 정겹게 바라봤다. 오는 해의 푸진 계획을 싸고 있는데 구청에서 소환장이 날아들었다. 국유지를 불법으로 개간했다는 것이다. 구청에 가서 개간한 배경을 이야기하고 불하를 해달라고 간청했다. 정 사정이 그러하면 합법적 절차를 밟아보라고 했다. 그러나 그것은 빈말 일뿐 서류를 만들어 가지고 찾아가니 저기 가보라 하고 저기가면 거기 가보라고 쳇 바퀴를 돌리듯 했다. 아주 단념을 하고 있는데 이거 어찌된 일인가. 보름 안에 자진 철거하라는 명령서가 목을 졸랐다. 불길한 예감이 들었다. 참 억장이 무너졌다. 법을 어긴 죄는 정상을 참작할 것이니 그 땅을 새 주인에게 내주고 그곳을 떠나라고 했다. 세상에 그런 법이 어디 있느냐고 엄중히 항의하였다. 나라에서 개인에게 불하를 한다면 연고권이 있는 자기가 최우선인데 어떻게 얼굴 한 번 본 적이 없는 사람에게 특혜를 주느냐고. 아무래도 숨어서 짜고 검은 뒷거래를 하는 것은 아닌가. 몇몇 유력 인사의 도장을 받아서 진정하고 선처를 호소해도 법은 힘없고 가난한 자를 보호해 주지 않았다.

어느 날 수십 대의 불도저와 포클레인이 붕붕 소리를 내며 들어왔다. 무지한 한 인간의 땀과 눈물이 밴 땅을 마구 파헤치고 갈아엎었다. 무슨 사립연수원부지라는 입간판을 내걸었지만 소문은 모 정객의 별장터라는 것이다.

P는 단칸 전세도 안 되는 위로금을 받고 길가에 나앉았다. 길이 아니면 가지 말라는 말이 떠올랐다. 그 땅과 가난의 고리를 못 끊어주는 학정에 치사하게 매달리거나 미련을 가질 마음이 없었다. 자존심이 상했다. 오기가 치밀었다. 이 땅에 난 곡식과 푸새를 먹지 않겠다고, 자결하지 못하는 자신의 무력함이

원망스러웠다. 분노를 삭이며 그 땅을 떠났다.

P선배가 하던 말이 아직도 내 귓가에 맴돈다. 송충이가 갈잎을 먹으려는 것도 그렇고 땅 투기꾼이 남의 눈물을 짜먹는 것도 다 타고나야 한다고. 저항 한번 못하고 빼앗긴 그 땅을 개간할 그 시간에 장편이나 한편 썼더라면 이렇게도 억울하지 않을 걸, 너무 허망하다는 것이었다.

나는 흙투성이가 된 배춧잎을 물로 씻어내고 고추 세운다. 깨어나서 제 구실을 할지 그냥 제물에 녹아버릴지 모르는 배추포기 사이로 뻔질나게 오갔다. 비록 거대한 영지의 주인이 되는 꿈을 접었지만 다시 씨앗을 뿌릴 준비를 한다. 몇 번이고 다시 시작할 것이다. 강물에 다 떠내려가고 남은 모래언덕에서 한 삽 두 삽 삽질을 한다. 삽질을 하다말고 일어나 아픈 허리를 툭툭 친다. 서서 구름을 보고 강물 위에 붉게 물든 노을을 보며 밭갈기를 멈추지 않을 것이다. 내 아무 거둠이 없을지라도 쉬지 않고 일하는 재미로 무심한 세월을 꽁꽁 묶으리. 그것이 비록 허망한 꿈일지라도 상관하지 않겠다.

횟감 다루기

오후 2시쯤이면 아파트촌을 찾아오는 생선장수가 있다. 단지 입구의 인도에 상주하다시피 하는 횟감장수인데 오전엔 물건을 구입하려고 어시장에 갔다가 오후에야 장사를 시작한다.

타이탄 트럭을 개조한 수족관에 오징어, 전어, 숭어, 광어 등 생선들이 헤엄치는 것을 바라보면 지나가는 사람들의 얼굴에도 생기가 넘친다. 제대로 된 횟집보다 좀 엉성하지만 값도 헐하고 먹음직한 회에 초장까지 덤으로 주니 아주 편리하다.

처음 그곳에 나타난 횟감장수는 토실하게 생긴 중년 부부. 아주 부지런하고 친절하였다. 회를 사려는 사람들로 붐볐다. 누구나 일금 만원만 던지면 풍성한 식탁을 마련할 수 있었다. 주말엔 줄을 서서 기다렸다. 보통 때 오징어 네 마리에 만원하던 것이 주말이나 일요일엔 세 마리로 양이 줄어든다. 그만큼 수요에 공급이 따르지 못하였다. 중년 부부는 빚돈으로 시작했으나 장사가 잘 되어 25평 아파트도 구입하고 남편은 주식에도 투자한다는 소문이 돌았다. 하긴 세금을 한 푼 내지 않고 잘 나가는 노점상이니 그럴 만도 하다.

얼마 후 경쟁자가 나타났다. 남편이 실직을 한 젊은 부부였다. 생선을 다루는 솜씨도 서툴고 손님맞이도 부자연스러웠다. 들머리의 중년은 아주 능숙한데 그들은 손님도 많지 않았지만 받은 주문도 제대로 소화하지 못하였다. 잡힐 듯 다가온 단골을 꼭 붙잡아매지 못하였다. 제 삼자가 봐도 한쪽은 문전성시인데 다른 한쪽은 파리만 날리니 보기 딱했는지 지나가다가도 더러 팔아주는 손님도 없지 않았다.

그녀는 신혼 초 남편이 회가 먹고 싶다고 해서 장날을 기다리다가 선뜻 광어 한 마리를 사왔다. 그러나 어떻게 조리를 해야 할지 몰랐다. 산촌에서 성장한 그녀는 생선의 비늘을 치고 껍질과 속살을 분리하는 방법을 알 리 없었다. 그녀 나름대로 회를 쳐서 식탁에 올려놓으니 바닷가에서 자란 그는 먹는 척하다가는 빙긋이 웃고 젓가락을 놓아버렸다. 그것을 보고 하고픈 말을 삼켰지만 그녀는 마치 화덕 앞에 앉은 기분이었다.

다음 장날에도 그녀는 생선을 사왔다. 오기에서 그런 것이 아니라 새색시의 부끄러운 마음을 지우려고 그랬었다. 집주인

아주머니에게 회치는 방법을 배우고 익혀서 회를 쳤다. 식탁에 오른 회를 보고 그는 별말 않고 회밥을 만들어서 한 그릇을 거뜬히 비웠다. 옆에서 그것을 지켜본 그녀는 안도의 숨을 쉬었다. 실패한 고통의 순간은 눈 녹듯 했다. 자신은 먹지 않아도 속이 든든하였다. 그런 뒤로 그녀는 생선을 아주 능숙하게 다루는 숙수가 되었다 .

그녀는 젊은 부부를 보면서 그때의 생각을 떠올리었다. 젊은 부부에게 생선회를 자주 팔아주었다. 이웃들에게도 그들이 착하고 믿음이 간다고 말했다. 역시 젊은 사람들이 되어서 그런지 얼마 안 되어 그들은 생선을 능숙하게 다루어 부진을 씻었다. 얼마쯤 실직의 아픔을 잊고 안정이 되어 가는지 더러 웃고 농담하는 것을 볼 수 있었다.

그해 여름은 유난히 무더웠다. 나는 가족을 데리고 일가붙이가 사는 바닷가로 피서를 떠났다. 말이 해수욕장이지 궁벽한 어촌이었다. 낮엔 그런대로 물가에서 지낼 수 있었으나 밤엔 모기 등쌀에 잠을 설치었다. 전신에 모기에게 물린 자국이 오돌토돌하였다.

그날은 일찍 잠에서 깼다. 이른 아침에 어시장 구경을 나갔다. 어제 해질 무렵 출항한 어선들이 햇살을 등에 지고 돌아왔다. 어시장 바닥엔 펄펄 뛰는 생선들이 그득하였다. 이것저것 눈으로 즐거움을 맛보다가 씨가 굵은 감성돔 한 마리를 사왔다.

모처럼 생선회를 먹게 되었다는 기대와 즐거움으로 잠을 설친 피로도 다 잊었다. 그날 아침 식탁은 정말 풍성하였다. 가족들이 죽 둘러앉아 한참 먹고 있는데 윗방 아주머니가 생선회 한 쟁반 가져왔다. 식사 전에 드리려고 서둘렀는데 너무 늦지 않았느냐고. '우리도 생선을 사왔는데….' 생선회를 가져다준 것이 고맙기도 하고 찜찜하기도 하였다. 나는 한잔 하자고 아저씨를 초청하였다. 아까 어시장에서 쥐치 한 대야를 사는 아저씨를 보았다. 아무리 맛있는 것이라도 먹은 뒤에 또 먹어서 입맛을 버리지나 않을까? 더구나 쥐치회가 감성돔 회의 맛을 능가할 리가 없다는 생각도 들었다. 그런데 이게 어찌된 조화인가? 감성돔 회보다 쥐치의 회가 더 쫄깃쫄깃 하고 맛있었다. 정말 쌈박한 맛이었다. 아저씨는 내가 권하는 잔을 주는 대로 받으면서 생선회를 다루는 솜씨 자랑을 늘어놓았다. 회 맛은 어종이 뭐냐가 문제가 아니라 회를 뜨는 사람의 솜씨에 따라서 쥐치가 감성돔이 되고 감성돔이 쥐치가 된다고 그러면서 웃었다. 생선회 맛은 계절에 따라 다르고 시간에 따라 다르고, 얼마든지 다를 수 있는데 묘수가 있다고 하였다. 회감은 이름난 어종이 최상이지만 그것의 맛을 대신할 수 있는 어종도 있다는 것을 제대로 터득하자면 시간이 걸리더라도 경험을 쌓아야하고 초장도 잘 버무릴 줄 알아야 한다고. 생선회의 맛을 제대로 살리는 것도 하나의 예술이라고 떠들어댔다. 횟감 다루는 것을 예술론으로 비약하는데 이르러서 나는 입을 다물었다.

며칠 동안 젊은 부부가 안 보였다. 영업장소를 다른 곳으로 옮겼는가? 벌써 사흘이 지났다. 가정에 무슨 사고라도 생겼는지 못 오는 그들보다 기다리는 사람의 마음이 더 안타까웠다. 생선회 장수는 경쟁자가 줄어든 것이 좋을지 몰라도 소비자에겐 좋지 않다. 또 다른 독점의 예고이기도 하다.

한 주일이 지난 뒤 안 보이던 젊은이가 다시 돌아왔다. 부인은 없고 혼자였다. 부인은 어디 갔느냐고 물으니 집에서 산후조리를 한다고 했다. 삼칠일이 지나고 나타난 여인의 얼굴은 보송보송하였다. 뒤쪽엔 젖을 먹이러 온 유모차도 있었다. 너무 일찍 산모와 유아가 바람을 쐬는 것이 좋지 않은 것이 아닌가. 그런 생각이 들었으나 그들 부부는 개의치 않고 장사에 열중하였다.

전과 다름없이 횟감을 사려는 사람들로 붐볐다. 손님들의 주문에 따라 서비스를 잘 하였다. 정말 친절한 그들의 마음씨에 감복하였다. 큰 성공은 아닐지라도 제 자리를 잡아가는 것이 고마웠다.

나는 퇴근길에 그 앞을 지나며 내 자신이 조리사가 된 것 같은 환상에 빠졌다. 펄펄 살아서 뛰는 생선을 포획하여 묵직한 도마 위에 올려놓고 예리한 큰 칼로 비늘을 치고 지느러미를 끊어내고 배를 가르고 창자를 훑어내고 머리와 꽁지를 떼고 껍질을 벗긴 속살의 물기를 하얀 천으로 닦아낸다. 횟감을 아주 보기 좋고 먹기 좋게 고르게 자른다. 그리고 무늬가 산뜻한 사기그릇에 가지런히 담는다. 그것을 톡톡 쏘는 것에 찍어 먹는 맛은 더없이 좋을 것이다. 잃었던 식욕을 되찾아 주지 않을까? 요리는 먹는 것도 좋지만 다루는 과정을 하나하나 실습해 보고 상상해 보는 것도 또 다른 재미가 있을 것이다. 아무리 하찮은 것이라도 주의해 보면 일상의 자잘한 것들의 모두는 삶의 활력소가 될 것이다.

신흥 아파트 주변에 장수들이 붐벼서 교통이 혼잡스럽고 여러 가지 곤란한 일들이 발생하지만 그렇다고 부정적인 것만은 아니다. 영세 노점상들이 얼굴의 주름을 펼 수 있어 좋고 주민들은 헐하고 질 좋은 먹을거리를 구입할 수 있어 좋다 .비가 올 듯 우중충한 날은 그들이 오지 못하게 되지나 않을까? 괜히 불안해지는 하루의 시작이다. 언제나 내 생활 주변에 우울한 일들은 사라지고 생기만 돌았으면 좋겠다.

거둘게 없어도 좋아라

창문을 열어 놓고 앉아 있으면 생각의 그루터기에서 지나간 가을 내음이 솔솔 피어난다. 쓰러진 그루터기에 걸리는 것은 자꾸만 아픈 이별을 맛보게 한다. 풍요로운 가을이 우울한 것은 그뿐 아니다. 동네 앞 공터를 쪼아서 가꾼 고춧대, 봉긋이 솟아오르다가 말라비틀어진 배추 포기, 그 위로 날아와 앉는 지푸라기, 어디서 굴러온 것인지 알 수 없는 가랑잎 그런 것들이 잊어진 생각들을 몰고 간다. 어찌 된 셈인지 사람들은 공터에 꽃은 심지 않고 채소를 심으려고 고집 부린다. 그런 일이 생산성을 높이는 일이라고 해서 좋아할 수만 있을까? 여름 채소를 심어 놓고 아침저녁 물을 주며 조금씩 자라는 것을 보는 기쁨은 적지 않다. 하지만 그것은 자신을 위한 일이다. 남을 위한 배려는 아니다. 노는 땅에 채소를 심지 않고 꽃이나 잔디를 심으면 남과 더불어 즐기는 기쁨이 두 배가 되지 않을까? 제 손으로 가꾼 채소를 식탁에 올려놓고 애정 어린 눈으로 바라보는 것도 적잖은 위안거리일 것이다. 그 외에 채소를 이웃과 나눠먹는 기쁨도 있지 않을까? 생각하기에 따라서는 얼마든지 다른 감명을 받을 수 있다. 그러나 도가 지나쳐 언덕이나 공터를 파헤친 뒤에 채소를 심어 거둔 뒤의 풍경은 참으로 처절하다. 첩첩 쌓인 폐비닐, 목이 잘린 병들이 수두룩하다. 더구나 산자락에 고인 썩은 못물을 볼 땐 가슴이 찢기는 듯하다. 우후죽순처럼 생긴 식당에서 흘려보낸 생활 오수로 못물이 푸르뎅뎅하다. 산골짜기에서 흘러오는 물은 맑은 법인데 너무 지저분하고 혼탁하다. 무분별하게 난립한 식당들을 위하여 얼마 전 땅 밑으로 수로를 내는 공사를 했다. 그 비용은 어디서 나오는가. 백성들의 주머니에서 긁어낸다니 참 어이없다.

언젠가 현업(現業)에서 물러나게 되면 어디에서 어떻게 살아갈 것인가? 때때로 그런 생각에 잠긴다. 그대로 도시의 변두리를 못 떠나고 미적거리며 그날그날을 보낼 것인가? 혼탁한 도심보다 한적한 시골에서 사는 것이 보람이 크지 않을까? 누구나 한 번쯤 생각해 봄직한 일이다. 그냥 그대로 머물러 있으면 분잡하지 않을 것이나 그보다는 한번쯤 마음에 그리던 일을 힘이 남아 있을 때 해보는 것도 뜻이 없지 않을 것이다. 다른 한편으론 아직 욕심을 못 버린 자신이 가소롭기 만하다.

요즘 곳곳에 전원주택이 인기리에 분양되고 있다. 그런 새집을 구입하거나 신축할 정도는 못되고 내가 나고 자란 토막(土幕)이면 최상이다. 고향을 떠나면서 그냥 두지 못한 아쉬움이 남는다. 움막 옆에 자투리땅이 있으면 시간을 보내는데 무료하지 않을 것이다.

그러나 그런 나의 구상을 못마땅해 한다. 아직도 아내는 내가 못 미더운가 보다. 아내의 생각을 그냥 깔아뭉갤 수 없다. 반박하는 논리가 너무 조리 있고 정연하다. 적어도 전원생활을 하려면 주방이 현대화되어야 하고 난방이 잘 되고 욕실도 신경을 써야 한다는 것이다. 몸이 아프면 밤에라도 쉽게 갈 수 있는 의료 시설이 가까운데 있어야 하고, 독립한 자식들이 오고가는데 불편하지 않는 도로, 그것이 주택을 선택하는 이상적 조건이다. 그런 주장들은 다분히 편의와 복지를 의식해서 하는 말이다. 그러나 난 그런 주장을 듣고는 마음이 심드렁해진다. 만나고 싶은 사람을 언제나 자유롭게 만나고 먹고 싶은 것을 먹고 무병장수를 바란다면 유로 양로원에 갈 일이지 굳이 시골로 가는 것이 무슨 뜻이 있을까? 이제 애써 욕심을 내어서 할 일도 없고 그냥 주어진 대로 사는 것이다. 뒷동산의 꾸불텅한 소나무가 되어 비바람 소리에 귀를 열어 놓고. 냇물에 씻겨 닳고 닳은 한 덩이 돌이 되어 비를 맞은 얼룩으로 남는다. 그 이상의 삶도 아니고 이하의 의미도 없다. 그것을 탈속이라 해도 좋고 속화라고 해도 좋다. 아무러면 어떠하냐? 굳이 이름을 붙여 무엇 하리. 복잡하고 번거로운 현실의 위태로움에서 살짝 비켜서는 것이 조금 덜 위태로울 것이다. 속사(俗事)에 묻혀서 제대로 못한 일을 해보는 시간을 가져도 보고 느긋하게 낮잠을 자도 서두를 필요가 없다. 한 시간이고 두 시간이고 구름을 망연히 바라본다. 넘어가는 햇볕에 도랑을 건너다가 적신 옷을 말린다. 그렇게 스스럼없이 살다가 때가 되면 마모되어 없어지는 것, 그것이 노년의 삶이다. 애통해 하거나 서러워 할 것도 없다.

그런데 무엇을 탐하고 무슨 바람이랴. 원하는 것도 바라는 것도 없는데 이 가을에 거둠을 탐할 게 없다. 그러면 살아 있는 송장이 아니냐고 할 것이나 부지깽이로 방아를 찧어도 내 소관(所管)인 것을 무엇을 변명하며, 오기를 부려서 뭐 하는가.

가을볕에 차돌이 녹는다는 옛말이 생각난다. 못 가진 것을 무엇 땜에 아쉬워하리. 안 가져도 가을은 풍성하다. 들길을 그냥 걸어도 발길이 가볍다. 낫으로 잡풀을 베어 내고 말끔한 들길을 가는 것도 즐겁다. 마른 풀 냄이 코끝에 싱그럽다. 제초제를 뿌려서 숨이 죽은 노란 쇠풀에는 이슬도 내리지 않을 것이다. 무잿등을 바라보며 노르끄레하게 짙어 가는 고구마 줄기를 떠올린다. 언제나 생긴 그대로가 좋다. 모든 것을 소득을 위한 인공(人工)의 산물로 바라보는 것은 탐욕스럽다. 도대체 우리들한 목숨이 살아가는데 부족하지 않은 정도의 물자나 돈은 얼마나 있어야 하는 것인가? 생명의 한계에서 바라본 것은 한 모금의 물, 한 톨의 쌀알이 아닐까? 그것이 모든 실상에서 떠나고 싶은 이유는 아니지만 가상해 본다.

그런데 인간의 욕망은 한이 없다. 약수터로 가는 길가에서 노랗게 익은 탱자를 죄다 훑어가는 사람들의 마음이 야속타. 그냥 두고 함께 보고 감상하면 어디가 덧이 날까?

어떤 나라 사람들은 빈 공지에 채소를 가꾸기보다 작은 땅이라도 그곳의 주변과 잘 어울리게 땅을 쪼아서 꽃을 심는다. 자기의 소득보다 남의 눈을 즐겁게 한다. 이른 새벽 정원을 적실 물을 파이프로 흘려보낸다. 석유보다 비싼 물을 뿌려 준다. 그러나 우리들은 물을 함부로 쓴다. 가난해도 힘들지 않고 넉넉해도 넘치지 않는 그런 시간대의 삶을 생각하면 안 될까? 과연 내가 생각한 대로의 많은 일들이 전개될지 모르나 도시 주변의 곳곳에 허물어진 들길을 가다 보면 짜증이 난다. 한집 건너 불고기 집은 말할 것도 없고 토종닭인지 순종인지 그런 간판을 볼 땐 짜증이 배가 된다. 밤낮없이 몰려오는 자가용들이 나라의 경제가 어렵다는 말을 무색하게 한다. 농민들은 도로변에 가지, 오이, 고구마 줄기, 호박잎, 풋사과, 뭐든지 돈이 되는 것을 내어놓고 판다. 소반에 올려놓은 자두 살이 불그죽죽하다. 그러나 결코 헐한 것은 아니다. 그것을 보고 인심이 고약하다는 말을 하는 것이 더 고약하다. 현지 생산 판매란 유통 질서의 새로운 장을 여는 길이다. 길 옆 밭에서 훔친 고구마 한 개를 목으로 못 넘기고 눈물을 흘리던 옛날이 그립다. 가난이라든가 소박이라는 말은 없다. 이제 어디로 가도 건강식품이나 별미를 찾아 박을 싸매고 달려오는 도시 사람들 때문에 호젓한 감동은 없다. 모든 것이 지능적이고 탐욕적이다.

아, 빈 가슴에 출싹거리는 풍성함이여!

어쩔 수 없이 밀려난 시간의 벽을 바라보는 마음엔 거둘게 없어도 좋아라.

희자가 보고 싶다

희자가 보고 싶다. 희자는 나의 희자도 아니고 너의 희자도 아니고 누구의 희자도 아닌 우리들의 희자이다. 언제부터인가 그런 희자는 인칭명사가 아니라 그냥 보통명사이다.

긴 세월이 서릿발처럼 하얗게 변했다. 희자가 제 어미를 따라 우리 동네로 온 것은 아마 13살 때였으리라. 초등학교 6학년에 편입한 희자는 신장이 껑충하게 크고 눈망울이 서글서글하고 금방이라도 울어버릴 것 같은 웃음이 흔한 아이였다. 같은 학년인 나는 희자와 함께 보리밭 샛길을 걸어서 학교에 다니었다. 학교에서 공부하는 것이 즐거운 게 아니라 오며가며 개울가에서 가재나 송사리를 잡는 것이 즐거웠다. 너무 재밌고 넋이 빠져 해가 지는 줄 몰랐다. 어둑어둑해서 집에 도착했다. 그런 일이 반복되자 어머니는 학교에 가지 말고 집에서 일이나 꿍꿍 하라고 그래도 다 시집가고 장가가서 잘만 산다고. 틀린 말은 아니었다. 그러나 그럴 생각은 없었다. 등굣길에 희자를 기다렸다.

다음날 아침 희자는 불뫼샘이 있는 삼거리에 나타나지 않았다. 희자를 기다리다가 그녀를 만나지도 못하고 뛰었다. 지각을 했지. 둘째 시간이 되어 희자는 눈이 통통 부운 얼굴로 나타났다. 무슨 일이 있었느냐고 하교하면서 물어도 대답을 안했다. 그러면서 돌아가신 아버지 생각도 나고 기르던 송아지 생각도 나고 전에 살던 집생각도 난다고 띄엄띄엄 말을 이어갔다. 아마도 어제 일로 외숙모에게 단단히 혼이 난 게 틀림이 없다. 자기 엄마는 읍내 이발관 아저씨와 재혼하고 혼자 외가에 남게 된 희자는 궂은일을 도맡아했다. 부엌, 도장, 집 모퉁이 구석구석을 돌며 눈물을 흘렸다. 그러나 나를 만날 때는 언제나 밝게 웃었다. 나는 그런 희자가 좋았다. 다른 애들이 희자를 멸시하고 못살게 굴어도 그러지 못하게 나는 울막이가 되었다.

한번은 나물 캐러갔다가 희자가 언덕에 굴러 넘어졌다. 발목을 삐었다. 우는 희자를 업고 그 집에 데려다 주려고 갔다가 불벼락을 맞았다. 다 큰 계집애가 사내 등에 업혀온다고 불호령이 떨어졌다. 나는 불량한 소년취급을 당한 것이 못마땅했으나 암말도 못하고 돌아섰지만 내 등에 업혀서 잠깐이나마 잠들었던 희자의 뜨듯한 체온이 남아 있었다. 지금도 그 생각을 하면 얼굴이 홍당무가 된다.

이듬해 봄 졸업을 했다. 졸업식장에 희자 어매가 와서 희자를 데려갔다. 희자는 보퉁이를 이고 끌려가는 송아지처럼 뒤따라갔다. 얼마나 애처로웠는지 모른다. 준비한 졸업선물도 못 전하고 떠나는 희자의 뒷모습만 바라보았다. 집으로 오면서 산모롱이 호젓한 묘지에 앉아서 얼마나 울었는지 모른다.

그해 나는 진학을 했다. 중학교에 다니면서 날마다 그 집 앞을 지나다니었다. 희자를 만날까 하고, 그러나 희자를 한 번도 못 만났다.

스쳐가던 세월은 보리를 수확하고 모를 심고 물 잡은 논의 달그림자를 쫓듯이 빠르게 흘렀다. 나락을 베어낸 빈 들판에 외로운 허수아비의 긴 팔다리만 흔들거렸다.

하굣길에 희자가 왔다는 말을 들었다. 희자는 아저씨와 같은 어른의 뒤를 따라 읍내로 가는 길이었다.

"희자, 오랜만이야."

"응, 반가와."

"앞서 가는 저 남자는 누구야,"

아무 대답 없이 고개를 수그린다.

"신랑이 될 사람…."

"뭐?"

"날래 날래 와요."

나는 깜짝 놀랐다. 가슴이 두근거렸다. 희자는 마치 망아지처럼 어른의 뒤를 따라 도망치듯 가고 나는 넋 나간 것처럼 그 자리를 지키고 있었다. 과연 듣던 대로 희자는 나이 많은 영감에게 팔려간다는 소문을 내 눈으로 확인하게 된 것이다. 열아홉 신부와 서른아홉 헌 신랑이라니 하늘도 말린다는 그 혼사를 막아줄 사람은 없을까. 그러나 다 된 밥에 콧물을 빠뜨릴 수 없고 보고 있을 수밖에 없었다. 그녀의 행복을 위해서는 제삼자는 아무 도움이 안 되었다.

희자는 쇠마당에서 한 약속을 잊었단 말인가. 잔디를 뽑아서 풀끝에 맺힌 물방울을 서로 엉겨 붙이며 어른이 되면 네랑 나랑 신랑신부가 되자던 약속을 까먹었단 말인가. 아마 나의 무심함에 그런 비극을 자초한 것 같다. 마을 모롱이를 돌아가는 그들의 뒷모습을 물끄러미 바라보았다. 돌이킬 수 없는 세월의 길목을 지키면서 뚜벅뚜벅 무거운 발길을 옮기었다.

왜 이렇게 세월은 바삐 돌아가는가. 얼마 전 동창들이 모이는 자리에 희자는 나타났을까. 이제 인생 애환의 족쇄에서 풀리었겠지. 생각에 따라 희자는 우리들보다 더 행복한 인생을 살았을 것이다.

나는 종로 네거리에 희자가 나타났다는 소문을 듣고 상경하였다. 저기 희자가 간다. 희자가 뒤돌아본다. 희자가 어서 오라고 손짓한다. 희자희자희자희자… 수많은 희자가 웃으며 걸어간다. 우리 그러지 말고 찻집에라도 들어가 얘기를 좀 나누자. 어떻게 살아왔우. 몇 남매나 뒀어. 꼰대는 아직도 정정하시냐. 너 남편 시집살이 고달팠겠구나. 이 고운 머리칼이 다 희었군. 우리 서로 사돈을 맺지 않을래. 흉 없이 왜 오두방정을 떠누. 이제까지 미혼의 자식이 남아있나 뭐, 참 그렇지 그래. 깔깔 웃는 희자의 얼굴이 한없이 고와 보였다.

집

마을로 들어가는 초입에 아름드리 마감나무가 울창하고 폐가의 뒤에 선 대나무들이 머리를 흔들어 댄다. 어서 오라고, 반짝 인사하더니 참 무정한 사람도 다 보겠다고 중얼거린다. 돌담 사이로 쑥 들어가면 성곽 같은 집의 대문이 나온다. 안으로 들어가면 마구의 입구이다. 방울소리 짤랑대고 황소의 거친 숨소리가 코앞으로 밀려온다. 웅덩이 있다. 웅덩 물에 발밑을 가시고 그곳을 지나가면 벌써 온몸에 따신 기운이 감돈다. 대문이라고 했지만 실은 아래채이다. 아래채에는 입구에 머슴방이 있고 잇대어 도장에 붙은 아랫방이 나온다. 도장 속은 칸칸이 나락이 가득가득하고 대추, 곶감, 은행 철에 따라 생과일과 건어물, 포, 가용에 쓸 것들이 걸려있다. 아무나 들어가지 못한다. 문은 굳게 잠겨있고 열쇠는 할머니가 직접 관리한다. 예외로 출입이 자유로운 손자가 있다. 나는 마음대로 들어가서 내 손으로 맛있는 것들을 끄집어내어 먹을 수 있는 자유가 허용되었다. 도장의 비의에서 풀려나 장독대 앞에 선다. 입이 딱 벌어지게 큰 독이며 크고 작은 항아리들이 하늘을 향하여 숨을 쉬며 햇볕을 쬔다. 장독대 울타리를 돌아가며 모란이 화사하게 피어 요염한 자태를 자랑하고 예지와 능소화가 방긋방긋 웃는다. 섬돌 위로 올라서면 닭장이 나온다. 닭장은 웬만한 초막보다 거대하다. 꽥꽥거리며 수탁을 따르는 암탉을 헤아려보면 그 마릿수에 놀란다. 손님이 오면 닭을 잡아서 대접을 한다. 닭장 뒤로 돌아 살문을 밀면 200평 남짓한 텃밭이다. 본디는 집터였으나 그 밭에 여러 가지 채소를 가꾸었다. 하얀 꽃을 피운 백도라지가 자색 꽃과 어울러져 춤춘다. 오래 묵은 백도라지는 약에 좋다고 아낙들이 사려고 왔다. 필요한 만큼 캐어가라고 그녀들의 인심에 맡긴다. 그냥 가져가기 민망한지 얼마씩 놓고 가면 할머니는 그것을 용돈으로 쓴다. 당귀, 천궁, 엄나무 다른 약초들도 무성하다. 돌담을 따라 큰 채의 처마 밑에 이른다. 집 뒤는 전부가 곰솔이 울창한 산이요 늘 푸름이 넘치는 대밭이다. 땅에서 봉긋이 솟는 죽순을 보고 있으면 정신이 맑아지고 전신에 불끈 힘이 실린다. 대나무에서 얻는 수입도 가용에 많은 보탬이 되었다.

오백 평은 실히 되는 얼안에 5칸 겹집이 우뚝 버티고 서 있다. 죽담이 높고 이엉이 두터운 초가, 재력으로 치면 얼마든지 기와를 덮을 만도 한데 그렇지 않은데 무슨 영문이 있는 듯, 집안의 배치는 큰방, 중방, 대청, 마루, 작은방, 양쪽에 부엌이 달려있고 아래채보다 위채가 우뚝 하다. 깨금발을 하면 마을 앞 들판이 한눈에 들어온다. 흙벽을 이중으로 발라서 그런지 외풍을 타지 않았다. 죽담이 높아서 오르기 힘들다. 멀리 바다에서 떠오르는 아침 해가 막힌 가슴을 탁 트이게 열어준다. 입춘 방을 써서 붙인 기둥에는 검은 글씨들이 구물거렸다. 부엌에서 나는 연기가 피어올라도 잘 빠져나간다. 잘 달구어진 화롯불에 김을 굽는 숙모님을 만날 수 있고 뒤로 돌아가면 툇마루가 나온다. 거기 걸쳐 앉아서 맛있는 것을 먹기 좋다. 대나무 그림자 얼른거리는 우물 속에는 푸른 하늘이 전설처럼 주절주절 나부끼고 여름에는 차고 겨울에는 따스한 김이 몽글몽글 피어올랐다. 가뭄에도 마르지 않고 사시장철 청정수가 흘러나온다. 수박이나 여름 과일을 띄워놓은 모양이 소담하다. 대문 앞 옹당으로 통하는 지하물길이었다. 전체적으로 집은 배수와 통풍이 잘 되었다. 마당에는 볏섬이 두셋 솟아있고 수확철마다 볏섬은 옷을 갈아입는다. 도장에서 넘쳐 나온 벼를 갈무리하였다.

대문에서 왼쪽으로 돌아가면 담을 잇대어 또 한 채의 집, 헛간이라고 하나 헛간치고는 너무 크고 두엄간을 겸하였다. 대문 앞에 널따란 두엄간이 있었지만. 통시는 산사의 해우소처럼 깊고 높고 바람의 나들이가 자유로웠다. 일을 보고 돌층계를 올라가면 오른 쪽에서 오던 이와 이마를 마주친다. 마당에서 조금 떨어진 곳 산에서 내려오는 공기가 싸느랗다. 허방을 막기 위하여 세워놓은 당집, 당집 안에는 조상의 위패가 정렬되어 있다. 그리고 안온한 기운이 돈다. 그러니까 이 집의 앉은 자리를 보아서 당집은 음기를 막아주는 역할을 한다.

이 잘 갖추어진 성곽의 성주는 외할아버지, 큰방에는 검은 궤가 아랫목에 놓여있고 그 안에는 엽전 꾸러미를 쌓아놓았다. 땅문서, 노비문서 등속이 있었다. 단적으로 말해서 부와 권력을 다가지고 살았다. 항상 궤를 여닫으며 마을 사람들과 정을 나누고 세상과 교통하였다. 새벽에 잠을 깨면 일어나서 기침을 한다. 집안의 일꾼들이 일어나서 술국이나 간단한 요기를 하고 아침 일을 시작한다. 방앗간의 참새도 일찍 일어나야 한다고. 마구 앞에 두 다리를 버티고 앉아있는 백산이(白山이) 컹컹 짖어댄다. 뒷산이 울리도록 달빛이 휘황한 겨울밤은 백산이의 짖는 소리에 잠자리를 털고 일어난다.

먼동이 튼다. 마을 앞 들판으로 울려 퍼지는 소리에 강과 산이 컹컹 메아리친다. 한달음에 열두 마지기, 이어서 네댓 마지기의 논배미들이 잇대어 붙은 큰 논배미가 똬리를 틀고 굼틀거린다. 그래서 택호도 '큰 배미 집'이라 불리었다.(평야지대의 대저택과는 비교도 안 되지만 그 지방에서는 그렇다는 것이다)

농가로는 집이 너무 크고 성곽으로는 규모가 작다. 망루라도 한 채 턱 버티고 있었으면 아마 제대로 짜인 집으로 광영을 더했을 것이다. 그러나 집도 그 주인의 인격이나 성품에 따라 흥망성쇠를 결정짓는 것은 아닌가 한다. 4대를 내려오면서 떵떵거리면서 살아왔으나 그 아랫대에서 시름시름 무너지고 말았다. 누구 한 사람의 잘못이라기보다 재앙이 잦고 운이 쇠진한 것은 아닌지, 눈을 감으면 선연이 떠오르는 옛집 생각에 선비(先妣)의 모습이 아련히 피어오른다. 대농가로서 우리들에게 풍요와 의식을 채워주었던 그 옛집의 자리에 새로 현대식 양옥을 지어 놓았어도 산과 바다가 조화를 이루지 못했다. 내 일생에 대궐 같은 집을 지어 그 집에서 대가족을 거느리고 큰소리치며 살아보는 것이 소망이었는데 모두가 부질없다. 격식에 맞게 지어진 집도 다 헐리고 아파트가 그 자리를 차지하고 마는데 이루지 못할 소망을 꿈꾸는 것도 허망은 아닌지 오래간만에 찾아간 고택에서 산 여울 넘실거리고 눈이 머무는 허공에 층을 지은 옛 영화를 되새기며 먼산바라기를 한다.

서드 에이지

40세부터 30년, 70세까지 이 연령대를 서드 에이지라고 한다. 서양에서는 이 시기를 인생의 제2황금기라고 한다지만 우리네에겐 그렇게 익숙하지 않고 실감되지 않는 비유다.

우연히 서드 에이지라는 유료양로원에 갈 기회가 있었다. 아내와 같이 하루 밤을 묵었다. 무료 체험을 한 것이다. 실은 아내의 건강상태가 그다지 좋지 않아서 어떤 돌파구를 염두에 두고 방문하였다. 여건이 맞으면 거기 입주할 작정이었다. 거주공간도 잘되어 있고 음식도 정갈하고 입맛에 맞았다. 입주자들은 대부분 70대가 주류를 이루고 있어서 그런지 조용하고 안정되어 있었다. 퇴직한 교직자들이 주류를 이룬 노인복지시설로서 부대시설도 잘 갖추어있었다. 오락실, 독서실, 회의실, 체력단

련실, 간이 골프장, 목욕탕, 찜질방… 문화생활을 하는데 조금도 불편함이 없었다.

침대방은 실온은 적당한데 잠이 잘 안 왔다. 아마도 아내와 나의 잠자는 시간대가 다른데서 오는 부작용인 것 같았다. 우리는 젊어서부터 각방을 쓰고 나는 해 구멍만 메이면 잠자리에 든다. 너끈히 자고 피로가 풀리면 일어나서 거실 안을 산책한다. 전등을 켜놓고 책도 읽고 글도 쓰고 그 시간이 나에게는 피크타임이다. 아내는 늦게 까지 집안일을 하는 습관이 남아서 그런지 그제야 안방에서 잠자리에 든다. 정반대의 생활패턴을 어떻게 조절해야 할지 걱정이다.

그러나 이곳에 입주를 하면 그렇게 불편하지 않은 노후를 보낼 수 있을 것 같았다. 월 생활비가 조금 높긴 해도 다 거기 있지 않을까. 비싼 만큼 서비스도 좋고 불편한 것보다 편리한 점이 더 많겠지. 입주 계약을 하는 쪽으로 맘이 기울었다. 거리가 먼 것이 좀 흠이긴 하지만 공기 좋고 물 맑은 데가 어디 그리 쉬운가. 아주 첩첩산중이 아니면 그것도 어려울 것이다. 내가 운전하는 것도 아니고 셔틀버스도 있고 아이들이 방문하기도 좋으리라는 생각이 들었다.

그런데 몇 분에게 생활하기가 어떠냐고 물었다. 지낼 만하다고 했다. 외롭지 않느냐고 물으니 덤덤한 표정을 지었다. 쉬 대답을 내놓지 않았다. 그의 얼굴에 깊은 그늘이 아른거렸다. 부부가 같이 오면 몰라도 어느 한쪽만의 입주는 외로움을 떨쳐내기 힘들다고, 양로원 생활은 노후를 안정되게, 편안하게 보낸다는 뜻도 담겨 있지만 어떤 의미에서는 가족과 사회와의 격리를 위한 산 자들의 배려가 아닌가.

사고(四苦)라는 용어가 새삼 혓바닥을 뚫고 치솟는다. 사랑하는 사람들을 두고 온 정의 공백도 크지만 사람을 멀리하는 아픔도 무겁다. 인간세계에서 찧고 까불고 사귐과 부축임이 서로 부딪치는 속에서 외로움은 잊히는 것이다. 늘 같이 반복되는 생활에 어떤 변화를, 동류들과의 색다른 것, 삶의 양념 같은 것이 있어야 하는 게 아닌가. 그리운 사람을 그리워하고 찾게 되면 괴로울 것이다. 그들에게 고독을 이겨내는 처방은 없을까. 아침에 셔틀버스를 타려고 현관 앞에 줄을 선 노인들의 허리가 구부정하다. 어제도 가고, 오늘도 나가고 내일도 도시로 갔다 오게 될지 모르는, 날마다 외출하는 노인들의 일상이 고독해 뵌다. 어떻게 외로움을 달랠 수 있는가. 무슨 일이든 푹 빠져 보면 고독을 잊을 수 있을 텐데 그것이 그런 데로 되지 않으니 또 다른 맘의 상처가 남을 것이다. 인간은 나이에 상관없이 영원한 에트랑제인가.

곰곰이 생각을 쓸어본다. 외롭다 하지 말고 종이접기, 포켓볼을 치거나 그런 것보다는 작은 것이라도 인간의 근본 욕구를 자극하는 작은 돈벌이 그것이 좋지 않을까? 물론 건강하지 않은 노인은 예외로 하고, 일감을 마련하는 것도 한 방편일 것이다. 인간은 정서적인 동물이기보다는 경제적인데 민감하니까 본연의 성취감을 찾아주는 것도 좋을 것이다.

자꾸 저무는 노을 속에 빨간 옷을 입고 춤을 추는 무동이 다가온다. 그것은 하나님이 내린 축복일 것이다. 요양원 옆 병동에는 하얀 연기가 피어오른다. 그곳에는 입도 없고 눈도 없고 남의 손으로 대소변을 받아내는 암묵의 소리 없는 인생길, 그 길을 따라 도듬하게 난 가시털이 송송 박혀있다. 눈에 안보이던 것을 언제 보게 될지, 들리지 않던 것이 언제 들릴지 식별할 수 있는 시간이 그리 많지 않다. 애멸한 솔바람 소리만 쐬쏴 귀를 때린다.

따라 읽기

한글을 갓 익힌 지원이가 나와 동행하며 간판을 읽는다고 뒤처진다. 나도 따라 읽는다고 걸음을 늦춘다. '소고기 국밥집' 소고기란 단어는 쉽게 읽었으나 구에 ㄱ을 더하면 뭐지, 국이지, 바에 ㅂ은 밥, 응, 국밥집 그렇게 받침이 있는 단어를 읽기 힘들어 한다. 그럴 테지 차츰 나아지겠지, 하루가 다르게 성장하는 모습이 눈에 꽉 찬다.

근린공원을 벗어나 한길로 들어선다. 간판들이 즐비하다. 왼편은 아파트 그 사이는 한길, 오른쪽은 단독주택들이다. 그러나 하나같이 점포로 연결되어 있다. 첫 번째 통닭집의 상호가 유난히 눈길을 끈다. 입간판 '제사 닭 주문 받습니다' 청풍명계, 제수를 기성품으로 대체한다니, 제물을 장만하는데 깔끔하게 정성을 다해야하는 것이 전래의 습속인데 제수도 돈으로 해결하려는 편의주의로 흘러버린 기계화의 사회가 실감된다. 코사마트, 다다유통, 스피드피시, 푸드 브레드, 코피, 피부 마사지, 두어번 상호를 바꿔단 점포들이다. 뉴욕거리를 바장이는 느낌이다. 꽃피는 교회, 묵은 때를 확 벗어버린 개척교회다. 왼쪽은 눈여겨 볼 필요가 없고 바른 편만 사열하면서 걸음을 옮길 만하다. 목을 빼고 기다리는 얼굴들이 수월찮다. 문패는 바꿔 달았지만 업종은 그냥 그대로이다. 문을 열어 놓았어도 닫은 것처럼 정밀에 휩싸였다. 방긋 웃는 손칼국수집, 수미네가 옷자락을 잡아당긴다. 아직 때가 이른데 국수를 먹을 수야 없지. 느티나무 집 꽤 고풍스럽다. 술을 먹여주는 집, 손님들로 넘칠 법한데 울상을 펼 날이 없다. 문지방은 예스런 이름이나 개점휴업상태, 부성면가(富盛麵家) 국수집인데 토를 달지 않았으면 스쳐갈 뻔했다. 무슨 사연인지 몰라도 개업도 제대로 안하고 열쇠만 짤깍거린다. 그 자리에 청송막걸리가 들어왔다. 금강 매운탕집의 어고에는 물이 말랐다. 또 어떤 분이 퇴직금을 제대로 한번 못 쓰보고 밑천을 다 날리려는지 용용 울겠지. 장사는 아무나 하는 것이 아니며 더구나 쉬운 말로 음식점을 차릴 것이지, 줄잡아도 노하우가 2, 30년은 되어야 명함이라도 꺼내보지, 순 초짜에게 성업이 통하겠는가. 맛없는 음식을 손님 앞에 내놓고 먹으라니 누가 사 먹나. 맛없는 것을 먹으라는 것도 죄이고 자신이 망하는 것은 더 큰 악이다. inter bath, 꼬부랑글씨도 한몫 끼었다. 누리 노래방도 빠질 수 없지. 불이 번쩍번쩍 눈알이 휘둥그러지게 등장한 순수 100%의 소문난 막창집, 대낮에도 형광등이 요란하게 돌아간다, 이 세상을 다 말아먹을 배짱인지, '막창 대통령'이 팔뚝을 휘둘러대는 양이 해적판이다. 얼마를 더 걸어야 패잔병의 사열이 종료될지.

25시 불을 밝힌 familiar mart도 현관포장을 내리는 수가 있다. 죽 가다가 모롱이를 돌아서면 해물, 불 불 오징어구이, coffee 珈琲神 커피가 없으면 하루도 견디지 못하는 사람들만 모여 사는 동네여서 그런지 커피전문점이 다섯 집도 더 된다. 이 동네의 공인중개소는 망한 가게의 터를 소개할 때 무엇이라고 혀를 굴리는지 부처님의 얼굴이 예뻐 보일 것이다. 예천황소불고기집, 전라도 참꽃게장 밥도둑 집에 손님이 드는 줄은 알아도 나는 줄 모른다. 숯불구이 생선전문어물점, 어느새 커피숍의 간판을 바꿔 걸었다. 설탕이라는 enjoy music bar가 잠시 휘청거리다가 너무 헤퍼 보여. 인생은 취생몽사라고 초치지 마라. 한길로 걸어 나와 차들이 쌩쌩 달리는 모퉁이에 있던 등산용품전문점, 한해 세 번이나 같은 업종으로 다른 얼굴의 주인이 넘나들었다. 한번 실패는 병가지상사라 지만 세 번이나 굴욕을 맛보다니 알고도 모를 도전심리가 발동한다. 환경 산악회를 끌어들여도 소용이 없었다. 건넌 편에 숯불구이집 경희궁이 이름 한번 거창하게 내걸었지만 그 화려함이 무색했다. 압구정동 기계식 냉면으로 승부를 건 구름나무집도 구름을 잡고 있는 양태이다. 거대한 철조망 사이로 골프공이 날아다닌다. 월드피아, 찜질방, 사우나, 실내골프장 건물이 우뚝하다. 한옥집도 있는 듯 없는 듯 나들이목집 순 한글 이름이다. 따라 읽기 쉽다고 다 좋은 것은 아니고 옥호가 없어도 찾아오는 손님만 많으면 장땡인데 허접스런 이름타령이 지나치다. 처음은 맛깔스런 순댓국 체인이었는데 장사가 안 되어 걷어 차버렸다. 그리고 순댓국집, 삼신할미가 자극한 것이리라. 부티가 나던 주인장의 얼굴은 피골이 상접해졌다. 그래서 송림산악회를 출발지로 하고 아는 분과 연줄이 닿아 좀 나아진 듯 언제 셔터를 내리는가. 한고비를 넘긴 모양이다. 예상이 빗나갔다. 대형샤워장 24시 찜질방 상호가 재밌다. 아리마 캐슬, 순 영문이름 같으나 영문과 일문의 조합이다. 조선침략의 간웅 토요토미 히데요시가 즐겨 다닌 아리마 온천, 그런 연상이 불현듯 떠오른다. 산길로 접어드는 입구에 청국장집, 욱수골 사랑채, 원조 할매묵밥집, 토, 일은 손님들로 난장판이다. 허름한 집인데 풍수의 영향을 받은 것인가 모르겠구나. 흘러가는 냇물이 그 집 앞에 모여들 듯 구부려 돌아간다. 한창 성업 중이나. 정말 명당은 따로 있는 것 같다. 국시 올래, 대들보 고깃집, 옻닭집 맨 끝으로 머물래 편의점이다. 그러나 길가에 내어놓은 음식쓰레기 통수를 보고 흥망이 짐작된다. 그러나 타는 남의 속을 언제 누가 알리. 더듬더듬 따라 읽는 간판의

목에 꽃목걸이를 걸어줄 일만 있었으면 좋겠다.

아, 성업 중의 성업은 따로 있다. 이곳이 논밭일 때 연못 앞에 작은 암자 같은 절은 흔적도 없고 연못 뒤에 거대한 4층 빌딩이 솟았다. 망월지에 비치는 절집, 관음보살상이 맞은 편 산자락에 뿔을 세우고 그 앞을 지나다니는 사람들이 고개를 수그리고 합장하는 모습은 진지하다. 잘 되라고 민초들이 던지는 동전을 먹고 자란 공룡이 불을 뿜어내는 모습으로 환생하였다. 백악기의 공룡이 뚜벅뚜벅 걸어가고 있다. 인간의 정신은 노쇠하고 공룡은 덤프트럭처럼 네거리의 교통신호를 무시하고 달린다. 호각소리 삑삑 들리고 교통이 마비되어 심장이 멈춰버렸다.

아가야, 이거 뭐라 읽누. 공룡, 그럼 이건, 망월못, 꽤나 어렵구나. 언제 한글을 깨쳐 요 귀염둥이가 군대에 가면 내 손으로 답장을 쓰지. 강원도 두메로 두 번째 시집간 며늘아기에게 언문 편지라도 써서 보내야지. 아, 답답하고 숨차다. 노인복지관에 하루도 빠지지 않고 날마다 한글 배우러가야겠다. 글을 첨 배우는 육십한 살 노년이 여섯 살 손자에게 간판을 따라 읽느라고 땀을 뻘뻘 흘린다. 그래도 힘들지 않고 할 만한 일이요 여유 있는 환희다.

바다를 보며 앞뜰을 거닐며

지난밤 비가 쏟아졌다. 하늘에서 양동이로 내리 퍼붓는 듯한 악수였다. 천둥번개가 치고 건물들이 함몰되는 물구덩이가 삼켜 버릴 듯 공포와 불안에 떨게 했다. 금방 웃비는 그치고 아무 일 없었다는 듯이 뜨듯한 기운이 돌았다. 생기를 되찾았다. 구름사이로 둥근달이 방그레 웃었다. 언제 괴팍한 심술을 부리었냐는 듯이 빗물은 도랑에 고여 흐르지 않고 산자락은 건둥건둥하다. 접시를 뒤집어놓은 듯이 도랑도 얄팍하다. 땅에 뿌리박은 나무들이 빗물을 다 흡수해 버렸는지 온 대시가 건조하다. 빗줄기는 거세고 수량이 많았지만 그 시간이 고작 10분정도 홍수를 불러오지는 않았다. 하루 두어 번 그런 비를 쏟아 부었지만 적당히 건조하고 적당히 습윤하였다. 바다도 흙탕물로 범벅이 되지 않았다. 언제나 맑고 청아한 얼굴로 뒤태를 자랑한다. 엉덩이라도 한 대 갈겨주고 싶은 얄미움을 품고 있다. 풍덩 뛰어들어 호비작거리고 싶지만 부질없는 욕정은 인간으로서 가질 바가 못 된다. 내 이렇게 다양한 변화와 요술의 바다를 본적이 없다. 호수, 시냇물, 보리밭, 작은 언덕, 다문다문 커다란 둥치를 자랑하고 선 미루나무들이 색색으로 변모한다. 하나같이 푸르지만 하얀 색은 여백으로 남는다. 얼마든지 맘의 색칠을 해볼 감동을 이끌어 낸다. 그 채색이 내가 성장한 고향이라도 좋고 각지를 전전하며 살아온 지역의 작은 산언덕이라도 좋다. 늘 처음 가는 곳에서는 주변의 자연경관을 탐색한다. 어제도 해안길을 걸어서 낯선 도시를 방문하였다. 그러나 산에 오르지 못하였다. 산자락에 엎드린 원숭이들의 경계하는 눈빛이 빨개서 용기를 못 냈다. 코브라를 만나면 어떻게 하나. 울타리 위로 엉금엉금 기어가는 코모도 도마뱀의 행동이 예사롭지 않았다. 낯선 이방인을 보고 날름대는 붉은 혓바닥은 경계의 화살이었다.

울창한 열대림 속 험준한 바위를 깎아 건축한 마이아미 콘도, 조경이 아름다운 것이 아니라 주변의 건물과 조화를 이루었다. 뒤편의 푸른 산과 앞의 푸른 바다 아주 단순한 조경이지만 너무도 잘 어울리었다. 부르면 네하고 대답할 듯이 호흡이 짝짝 잘도 맞았다. 널따란 수영장이 있고 촉이 긴 야자수의 잎사귀들이 하늘거린다. 아침엔 물이 조금 차지만 낮엔 수온이 뜨듯하다. 예쁜 인어들이 옷을 벗고 물속에 풍덩풍덩 뛰어든다. 차양 아래 앉아 그들을 보고 있으면 금방 머리위로 스쳐가는 것이 미지의 비행체처럼 느껴진다.

스콜이 지나간 뒤 해정(海程)에 따라 눈을 휘둘린다. 검은 강아지를 달고 뛰어다닌다.

마냥 맑은 공기에 취하여 앉아있을 수만은 없다. 뭔가 바다의 창을 통하여 세계를 보고 영혼의 합창을 들으면서 자유로울 수 있을까? 능숙한 솜씨, 잘 길들여진 영상을 담기 위해서는 자연의 색지나 물감이 필요하다. 바다는 다른 세계를 조형한다. 눈앞으로 산이 구물구물 다가오고 산 위에 구름떼가 똬리를 틀고 밀려간다. 물위에 둥근달이 뜨기를 기다린다. 아무리 수채화를 잘 그리려고 마음속에 구도를 잘 잡아도 만족스럽지 않다. 아주 율동감이 큰 유화여야 조금은 맘에 착 감겨오지 않을 까?

한밤중에 깬다. 요즘 부쩍 잠이 적어진 탓이긴 하지만 중병은 아닌 것 같아도 병은 병이다. 쉬 낫지 않을 고질이다. 창문을 열고 바다를 바라본다. 층수가 높지만 위에서 아래를 하감하는 영혼이 분주해진다. 콘도 아래로 고만고만한 방갈로가 있고, 부챗살 같은 수목들이 쑥쑥 솟아있다. 유등이 황홀하다. 잔잔한 파도들이 밀려왔다가 밀려가고 주둥이를 맞대고 뭔가 맘속에 도사린 것들이 속삭인다. 이런 밤은 작은 어선들이 불을 밝히고 앞바다를 휘적휘적 지나간다. 도시 깊은 침묵에 갇힌 바다는 배앓이를 하다가 언제 쯤 굳게 닫았던 입을 열 것인가. 비밀스런 성벽에 정박하고 바다에 닻줄을 던진다. 궁전 안에 어떤 귀빈들이 모여서 무도회를 즐기는지 바다는 언제나 여유 있는 맘으로 약동하고 남의 역내를 넘보지 않는다.

차츰 날이 밝아오면서 신기류는 흔적 없이 사라지고 나는 산책길에 나선다. 중국 여성들이 벌써 밖으로 나와 맨발로 달리기를 하고 맨손 체조도 하고 그녀들 나름대로 땀을 흘린다. 아침마다 빠짐없이 체조에 몰두한다. '니하우' '짜오상 하오' 가볍게 인사를 나눈다. 그곳은 성공한 화교들이 많이 살고 있었다. 주민은 그녀들만이 아닌데 다들 아직 깊은 잠에 빠져 깨어날 줄 모른다. 게으른 남자들이라는 소리가 나올만하다. 그 섬에는 남녀비가 비슷하고 일도 남자들 못지않게 여자들이 더 열성적으로 참여한다. 눈이 즐거우면 맘도 즐겁다는 말이 생각난다. 해가 뜰 때까지 평화로움이 철철 넘치는 시간이다.

거목들 사이로 짹짹 새들의 합창도 기쁨을 더해준다. 후드득 후드득 물을 뒤치는 소리도 난다. 으으 내내, 아직 그 소리를 내는 주인공의 모습을 못 봤다. 내 회화 실력이 짧아서 그들이 알아듣지 못하는지 만족할만한 정답을 못주었다. 그들은 그런데는 별 관심이 없는 듯 멀뚱히 듣고 웃어버린다. 나도 따라 웃는다. 웃음 속에는 악의가 없다. 사람은 말이 없어도 풀과 나무는 말을 한다. 사계절이 덥지만 용광로 속에서도 변화는 있었다.

저마다 수림 속에 지팡이를 짚고 느릿느릿 산을 오르듯이 살아가는 사람들은 단출하게 얽혀서 살아간다. 또 한줄기 비가 오려는지 뜨듯해온다. 코에 단내가 난다. 얼른 그 자리를 피하여 수영복으로 변장하고 물에 뛰어들어야 살 것 같다. 산은 푸르고 바다도 푸르고 내 맘도 푸르고 푸름 속에 연줄이 없는 연을 띄어 보낸다. 얼마쯤 높이 날아올라 가는지 어디쯤에서 떨어질까 가슴을 졸인다.